S.F. V.

Georges Duby

HÉLOÏSE, ISOLDE UND ANDERE

Frauen im 12. Jahrhundert

Aus dem Französischen
von Grete Osterwald

S. Fischer

Die französische Originalausgabe erschien 1995
unter dem Titel »Dames du XII. siècle I. Héloïse, Aliénor,
Iseut et quelques autres« im Verlag Gallimard, Paris

Gesamtherstellung: Clausen & Bosse, Leck
Printed in Germany 1997
ISBN 3-10-015234-3

INHALT

VORBEMERKUNG

Dieses Buch enthält einige Notizen. Es sind die Früchte einer gewagten, langwierigen und doch unvollständigen Untersuchung, die ich, so gut ich konnte, unternommen habe, um klarer zu sehen, wer eigentlich im Frankreich des 12. Jahrhunderts die Frauen waren, die man »Damen« nannte, weil sie mit einem »Herrn« den Ehebund geschlossen hatten; um herauszufinden, welches Los ihnen in ihrer Lebenswelt zuteil wurde, der schönen Welt auf den obersten Stufen jener brutalen und feingeschliffenen Gesellschaft, die wir gewöhnlich als feudal bezeichnen. Ich habe mich absichtlich an diese Höhen gehalten, denn nur auf sie fällt einiges Licht – wenngleich auch hier das Dunkel kaum durchbrochen ist. Nur mühsam tastet sich der Historiker auf schwierigem Terrain voran, dessen Grenzen bei jedem Schritt zurückweichen.

Die Damen dieser fernen Zeiten haben für ihn weder Gesicht noch Körper. Er darf sie sich bei den großen fürstlichen Aufzügen in ähnlichen Gewändern oder Mänteln vorstellen wie die, in denen man die Jungfrauen und die Heiligen an den Portalen oder auf den Fenstern unserer Kirchen sieht. Die körperliche Wahrheit freilich, in Kleider und Mäntel gehüllt, wird sich immer seinem Blick entziehen. Denn um Realismus scherten sich die Künstler damals nicht, ebensowenig wie die Dichter übrigens: sie stellten Symbole dar und hielten sich an geltende Formeln. Hoffen wir also nicht, die jeweils eigene Physiognomie dieser Frauen in den höchst seltenen Bildnissen zu entdecken, die uns – auch dies nur von den Mächtigsten unter ihnen – erhalten geblieben sind. Nicht weniger rar sind die überlieferten Objekte, die sie in Händen hatten. Wo sind all die Zierden, die sie getragen haben mögen, abgesehen von einigen Schmuckstücken und jenen Fetzen prunkvoller Stoffe aus dem Orient, die wohl zur Pracht der Frauen beigetragen haben dürften, ehe sie als milde Gaben zur Verpackung heiliger Reliquien in die Schreine wanderten? Keine, oder jedenfalls fast keine konkreten Bilder: alles, was wir wissen, stammt aus schriftlichen Quellen.

Also bin ich von Texten ausgegangen, von den wenigen Texten, die uns aus dieser Epoche geblieben sind, und habe zunächst versucht, die Züge einiger Frauengestalten freizulegen. Ohne jede Illusion. Es ist wahrhaftig schwer genug, sich eine gewisse Vorstellung von den Männern zu machen, sei es auch nur von den berühmtesten, von denen, die die Welt verändert haben. Nehmen wir Franz von Assisi, Philipp August oder gar – trotz Joinville – den Heiligen Ludwig: was gewahren wir schon von ihrer Persönlichkeit? Und was dann erst von den Frauen, über die viel weniger gesprochen worden ist? Für uns werden sie nie etwas anderes sein als ungewisse Schatten, ohne Konturen, ohne Tiefe, ohne Akzent.

Ich sage es von vornherein: was ich zeigen möchte, ist nicht das reale Leben. Das wäre unerreichbar. Was ich zeigen möchte, ist lediglich ein Widerschein, das, was die schriftlichen Zeugnisse spiegeln. Ihren Aussagen vertraue ich mich an. Ob wahr oder falsch, darum geht es hier nicht. Wichtig ist mir nur das Bild, das sie von einer Frau – und durch sie von den Frauen allgemein – vermitteln, das Bild, das der Verfasser eines Textes sich von ihr gemacht hat und das er denen zeigen wollte, die ihm zuhörten. Die lebendige Wirklichkeit wird in diesem Widerschein zwangsläufig aus zwei Gründen deformiert: zum einen, weil die Schriften aus der hier untersuchten Zeit – und daran hat sich im französischen Raum vor Ende des 13. Jahrhunderts nichts geändert – sämtlich offizielle Texte sind, für ein Publikum bestimmt und nie dem Innenleben zugewandt; zum anderen, weil sie ausnahmslos von Männern geschrieben wurden.

Die Schrift, die schöne Handschrift, die dem Zahn der Zeit widerstanden hat und sich mir zum Lesen darbietet, hielt nur gewichtige, in künstliche Formen gepreßte Sätze fest, entweder auf lateinisch oder in jener hochgestochenen Sprache, derer man sich im Rahmen vornehmer Gesellschaften bediente. Gewiß, manchmal wurde sie auch privat gelesen – aber stets mit lauter Stimme, jedes Wort abwägend –, sei es in den Wandelgängen eines Klosters, im Damengemach oder in den mit Büchern vollgestellten Stuben, in denen einige Männer ihren ganzen Fleiß darauf verwendeten, fertige Sätze abzuschreiben oder neue zu feilen. All diese Texte jedenfalls wurden so komponiert, daß sie geeignet waren, vor einem Auditorium deklamiert, oft auch gesungen zu werden. Alle, sogar solche, die hauptsächlich der Zerstreuung dienten, Romane, Lieder, lustige Erzählungen, hatten eine belehrende

Funktion. Sie sollten keine Tatsachen beschreiben; aus der alltäglichen Erfahrung, die umstandslos zurechtgebogen wurde, bezogen sie lediglich den Stoff, um eine moralische Lektion zu erteilen. Bekräftigend, was es zu wissen oder zu glauben galt, sollten sie das Auditorium mit einem Gefüge exemplarischer Bilder beeindrucken. Letztlich ist die Literatur des 12. Jahrhunderts ebensowenig realistisch wie die Bildhauerei oder die Malerei dieser Zeit. Sie stellt dar, was die Gesellschaft will und wie sie zu sein hat. Das einzige, was diese, ich wiederhole, laut und deutlich proklamierten Worte mir erlauben, ist die Rekonstruktion eines Wertsystems. Und sie erlauben mir, den Platz zu erkennen, der den Damen in diesem System von der herrschenden Männerwelt zugewiesen wurde.

Dem Mann, und nur dem Mann allein, kam in dieser Gesellschaft alles zu, was offiziell war, alles, was die Öffentlichkeit berührte, angefangen bei der Schrift. Schon durch seine Buchtitel – *Mâle Moyen Age*, *L'homme médiéval* – räumt der Historiker es ein: nur die Männer dieser Zeit sind einigermaßen sichtbar, und sie verbergen ihm den Rest, namentlich die Frauen. Einige der Damen glänzen zwar durch Anwesenheit, aber ihre Gegenwart ist mittelbar. Symbolisch. Dargestellt von Männern, die meist Kirchenmänner waren, also gehalten, sich ihnen nicht über Gebühr zu nähern. Die Damen des 12. Jahrhunderts konnten schreiben, ja wahrscheinlich konnten sie es besser als die Ritter, ihre Ehemänner oder Brüder. Manche haben geschrieben, und möglicherweise gab es sogar Frauen, die geschrieben haben, was sie über die Männer dachten. Von den weiblichen Schriften freilich ist kaum etwas erhalten. Fügen wir uns darein, daß uns vom Dasein der Frauen nichts erscheint, es sei denn durch den Blick der Männer. Aber haben sich die Dinge denn so grundlegend geändert? Heute wie gestern zeigt die Gesellschaft nur diejenigen Anteile von sich, die sie gern ausstellen möchte. Doch was sie sagt, und vielleicht vor allem, was sie nicht sagt, erlaubt uns, ihre Strukturen zu erkennen.

Ich habe also die alten Texte neu gelesen und mich dabei bemüht, die Sicht derer einzunehmen, die sie geschrieben haben, um den falschen Vorstellungen zu entrinnen, die ihren Sinn seither verzerrt haben. Ich habe versucht, beim Lesen dieser Texte zu vergessen, welche Vorstellung ich selbst – denn auch ich bin ein Mann – mir von den Frauen mache: ob mir das immer ganz gelungen ist, sei dahingestellt. Um das Feld meiner Untersuchung zu beleuchten, will ich hier nun sechs Frauengestalten prasentieren, ausgewählt unter denen, deren Konturen mir am wenigsten undeutlich erschienen sind. Das mag ein hilfreicher Anfang sein. In der Folge soll ein zweites Buch von der Erinnerung an die Ahnfrauen handeln, wie sie in den Häusern des Hochadels gepflegt wurde: so werden andere Bilder entstehen, verschwommener als die ersten, aber geeignet, das Bild zu präzisieren, das sich die Ritter jener Zeit von den Damen machten. Schließlich werde ich in einem dritten Band näher darauf eingehen, welches Urteil die Kirchenmänner über diese Frauen fällten, deren Beichtväter sie waren und die sie ihrer eingeborenen Verderbtheit zu entreißen suchten.

ELEONORE

ELEONORE

Unter der zentralen Kuppel der Abteikirche von Fontevraud – eines der größten, der angesehensten Frauenklöster im Frankreich des 12. Jahrhunderts – sieht man heute vier Liegefiguren, die Überreste alter Grabmäler. Drei der Skulpturen sind in Tuffstein gehauen: die des Heinrich Plantagenet, Graf von Anjou und von Maine durch seine Ahnen väterlicherseits, Herzog der Normandie und König von England durch seine Ahnen in mütterlicher Linie; die Figur seines Sohnes und Nachfolgers Richard Löwenherz; und die der Isabella von Angoulême, der zweiten Gemahlin von Richards Bruder Johann Ohneland, der 1199 seinerseits König wurde. Das vierte Bildnis, dieses aus bemaltem Holz, stellt Heinrichs Gattin Eleonore dar, die Erbin des Herzogtums von Aquitanien, Mutter von Richard Löwenherz und Johann Ohneland, gestorben am 31. März 1204 in Fontevraud, wo sie am Ende ihres Lebens den Schleier genommen hatte.

Der Körper dieser Frau liegt so auf der Grabplatte, wie er während der Bestattungszeremonie auf dem Paradebett ausgestellt worden war, ganz in die Falten des Kleides gefaßt. Eine Tüllbinde umrahmt das Gesicht. Ihre Züge sind vollkommen rein, die Augen geschlossen. Die Hände halten ein aufgeschlagenes Buch. Angesichts dieses Körpers, dieses Gesichts, kann die Phantasie sich frei entfalten. Doch darüber, wie dieser Körper, dieses Gesicht im Leben ausgesehen haben mögen, sagt die bewundernswerte Liegende nichts, was der Wirklichkeit entspräche. Eleonore war seit Jahren tot, als sie gestaltet wurde. Hatte der Bildhauer jemals die Augen der Königin gesehen? Das war nicht wichtig, in der Tat: die Grabkunst dieser Zeit strebte keine Ähnlichkeiten an. Die Figur in ihrer seligen Heiterkeit sollte nicht wiedergeben, was das Auge auf dem Katafalk gesehen haben mochte: die Gestalt und das Antlitz einer Achtzigjährigen, die hart mit dem Leben gekämpft hatte. Der Künstler hatte den Auftrag, diese Gestalt und dieses Antlitz im Zustand ihrer Erfüllung am Tag der Wiederauferstehung von den Toten darzustellen. Infolgedessen wird niemand je ermessen können, welch anziehende Reize die Erbin des Herzogtums von Aquitanien besessen haben mag, als sie 1137 ihrem ersten Gemahl, König Ludwig VII. von Frankreich, zur Frau gegeben wurde.

Sie war damals ungefähr dreizehn, er sechzehn Jahre alt. »Er brannte vor glühender Liebe zu der jugendlichen Maid.« Das jedenfalls berichtet ein halbes Jahrhundert später Wilhelm von Newburgh, einer der englischen Mönche, die zu jener Zeit mit großem Geschick die Abfolge vergangener Ereignisse nachzeichneten. Wilhelm fügt hinzu: »In seinem Begehren war der junge Kapetinger wie gebannt.« Und: »Kein Wunder bei den überaus lebhaften körperlichen Reizen, die Eleonore geschenkt waren.« Auch der Chronist Lambert von Waterloos schätzte ihren Liebreiz als von höchster Güte. Doch was sind solche Elogen tatsächlich wert? Die Anstandsregeln verlangten von den zeitgenössischen Schriftstellern, daß sie die Schönheit jeder Prinzessin, auch der unansehnlichsten, lobpriesen. Im übrigen war Eleonore um 1190 bereits an allen Höfen die legendäre Heldin einer Skandalgeschichte. Wer immer auf sie zu sprechen kam, war selbstverständlich geneigt, der Anmut, die sie einst zur Schau getragen hatte, außergewöhnliche Zauberkraft zu unterstellen.

Diese Legende hat ein zähes Leben. Noch heute gibt es einige Autoren historischer Romane, die sich daran ergötzen, und ich kenne sogar sehr ernsthafte Historiker, deren Phantasie sie immer noch entzündet und in die Irre führt. Seit der Romantik wurde Eleonore abwechselnd als zartes Opfer der kalten Grausamkeit eines unfähigen, bornierten ersten Gemahls, eines brutalen und flatterhaften zweiten Gemahls oder aber als freie Frau beschrieben, die selbst über ihren Körper bestimmte, die den Priestern die Stirn bot und der Moral der Heuchler trotzte – Bannerträgerin einer glänzenden, fröhlichen, zu Unrecht erstickten Kultur, der Kultur Okzitaniens, gegen die scheinheilige Roheit, gegen die Bedrückungen des Nordens. Aber stets galt sie als betörend, leichtlebig, sinnlich, von den Männern begehrt und der Männer spottend. Geht sie nicht in den nüchternsten Werken als die »Königin der Troubadoure« durch, die deren Kunst gefällig inspirierte? Nehmen nicht viele für bare Münze, was Andreas Capellanus aus reinem Spott in seinem *De amore* schrieb, die lächerlichen Sprüche, die er sich zusammenreimte, um sie Eleonore in den Mund zu legen? Etwa diesen, dessen beißende Ironie damals jeder Leser goutierte:

»Niemand kann sich mit Recht auf den Ehestand berufen, um sich der Liebe zu entziehen.« Der Liebe – den Spielen der höfischen Liebe natürlich. Fast möchte man meinen, Eleonore hätte sie erfunden! Durch ihre Vermittlung jedenfalls sollen sich diese Galanterien, ausgehend von ihrem heimatlichen Aquitanien, über ganz Europa verbreitet haben.

Nun sind die Fehlurteile unserer modernen Gelehrten sicher zu entschuldigen. Die Erinnerung an diese Frau ist schon sehr früh verzerrt worden. Sie war noch keine fünfzig Jahre tot, als die imaginäre Biographie des Bernart de Ventadour sie zur Mätresse dieses großen Dichters machte; als der Prediger Étienne de Bourbon, um die sündhaften Freuden der körperlichen Berührung zu tadeln, das Beispiel der verderbten Eleonore zum Besten gab: eines Tages, da ihr der Sinn nach den Händen des alten Lehrers Gilbert von Poitiers stand, hätte sie ihn aufgefordert, mit den Fingern über ihre Hüften zu streichen. Und was den Menestrel von Reims betrifft – wir wissen um die starke Neigung dieses liebenswerten Erzählers, seinem Auditorium durch freie Erfindung zu gefallen, aber hier spann er nur die Äußerungen derer aus, die immer zahlreicher behaupteten, die Königin von Frankreich hätte sich während des Kreuzzugs nicht gescheut, ihren Körper Sarazenen hinzugeben –, so dichtete er Eleonore eine Affäre mit Saladin an, dem berühmtesten der Heiden: schon einen Fuß im Boot, schreibt er, wollte sie gerade mit ihm durchbrennen, als ihr Gemahl, Ludwig VII., sie erwischte. Nicht nur Treulosigkeit warf man der Getauften vor, die sich dem Heiden hingab, sondern, daß sie außer ihrem Ehemann auch ihren Gott verriet: eine Schamlosigkeit sondergleichen.

Derartige Phantasien entwickelten sich im 13. Jahrhundert auf der Grundlage dessen, was zu Lebzeiten der alternden Königin an Klatsch über sie kolportiert worden war. Manches davon findet sich in neun uns erhaltenen Geschichtsbüchern, die zwischen 1180 und 1200 geschrieben wurden und fast alles liefern, was wir über Eleonore wissen. Fünf der Verfasser sind Engländer, denn die gute Geschichtsschreibung kam damals aus England. Alle sind das Werk von Kirchenmännern, Mönchen oder Kanonikern, und alle rücken Eleonore in ein ungünstiges Licht. Dafür gibt es vier Gründe. Der erste, fundamentale Grund ist der, daß es sich um eine Frau handelt. Für diese Männer ist das Weib ein dem Wesen nach verdorbenes Geschöpf, das die Sünde mitsamt der allenthalben sichtbaren Unordnung in die Welt gebracht hat. Der zweite ist Eleonores Großvater, der berüchtigte Wilhelm IX. von Aquitanien: auch an diesem Fürsten, traditionsgemäß zum ersten Troubadour erklärt, hatte sich seinerzeit die Vorstellungskraft der Chronisten entzündet. Sie warfen ihm Mißachtung der Kirchenmoral, allzu freie Sitten und einen exzessiven Hang zu Liebeleien vor, indem sie jene Art Harem evozierten – eine ganze Gesellschaft hübscher junger Mädchen –, den er gleichsam als Parodie auf das Nonnenkloster zu seinem persönlichen Vergnügen unterhalten hatte. Schließlich und vor allem sprachen zwei Tatsachen Eleonore schuldig. Zweimal hatte sie sich schwer versündigt, indem sie sich aus der Unterwerfung löste, die den Ehefrauen von den etablierten Hierarchien in Gottes Namen auferlegt war: einmal, als sie, letztlich mit Erfolg, die Scheidung verlangte; das zweite Mal, als sie sich der Vormundschaft ihres Gatten entzog und seine Söhne gegen ihn aufbrachte.

Die Scheidung, unmittelbar von der Wiederverheiratung gefolgt, war 1152 *die* große europäische Affäre. Als der Zisterziensermönch Aubry des Trois Fontaines in seiner Chronik bei diesem Datum anlangt, erzählt er das einzigartige Ereignis. Lakonisch und darum um so einprägsamer schreibt er, Heinrich von England habe diejenige zur Frau genommen, die der König von Frankreich sich gerade vom Hals geschafft hatte. »Ludwig hatte sie fallenlassen, fortgeschickt wegen der mangelnden Enthaltsamkeit dieser Frau, die sich nicht wie eine Königin benahm, sondern eher wie eine Hure.« Nun war der fliegende Wechsel der Gattinnen vom Bett des einen in das eines anderen Gemahls im Hochadel an der Tagesordnung. Daß er diesmal derartige Wellen schlug, erklärt sich. In Europa, dessen Einheit damals mit der der lateinischen Christenheit übereinstimmte, und das zu führen sich folglich der Papst berechtigt sah, das er für den Kreuzzug mobilisieren und darum im Zustand des Friedens halten wollte, indem er das Gleichgewicht zwischen den Staaten zu bewahren trachtete, begannen eben diese Staaten – mitgerissen von dem lebhaften Aufschwung, der das Abendland erfaßt hatte –, selbstbewußte Kräfte zu entfalten. Das traf auch auf dic beiden rivalisierenden Großmächte zu, deren Herren der König von Frankreich und der König von England waren. Doch bei den insgesamt noch sehr groben politischen Strukturen hing das

Schicksal dieser aufstrebenden politischen Formationen weitgehend vom Spiel der Erbfolgen und Heiratsverbindungen ab, also von der Ehe des Thronerben. Nun war Eleonore Erbin eines dritten Staates, weniger umfangreich, gewiß, aber immerhin beträchtlich: Aquitanien, eine ausgedehnte Provinz zwischen Poitiers und Bordeaux, mit Ausblick auf Toulouse. Wechselte sie zu einem anderen Gemahl, nahm sie ihre Rechte auf das Herzogtum mit. Andererseits hatte die Kirche in der Mitte des 12. Jahrhunderts gerade die Ehe zu einem der sieben Sakramente erhoben, um sich ihres Einflusses darauf zu vergewissern. Sie bestimmte gleichzeitig, daß eine Eheverbindung niemals gelöst werden dürfe, und, im Widerspruch dazu, daß sie bei Blutschande unverzüglich gelöst werden müsse, das heißt, wenn sich herausstellte, daß die Ehepartner Verwandte bis zum siebten Grad waren. In der Aristokratie waren sie es alle. Eben das erlaubte der kirchlichen Obrigkeit – insbesondere dem Papst, wenn es um die Ehe der Könige ging –, sich nach Gutdünken einzumischen, um zu binden oder zu lösen, und auf diese Weise die Herrschaft über das große Spiel der Politik an sich zu reißen.

Mit einiger Verspätung erzählt der Menestrel von Reims die Umstände, unter denen es zu Eleonores Scheidung kam. Ludwig VII., berichtet er, »holte den Rat aller seiner Barone ein, was er mit der Königin denn nun beginnen solle, und legte ihnen dar, wie sie sich betragen hatte. ›Bei uns'rer Treu‹, sagten die Barone, ›laßt sie gehn, das ist der beste Rat, den wir Euch geben, denn sie ist des Teufels, und so Ihr sie länger behaltet, fürchten wir, daß sie Euch noch zu Tode bringt.«« Teufelei, Unfruchtbarkeit: zwei denkbar schwere Mängel – nun war es Ludwig, der die Initiative ergriff.

Johannes von Salisbury freilich, herausragender Vertreter der humanistischen Renaissance des 12. Jahrhunderts, klarsichtig und gut informiert, ist ein besserer Zeuge. Er schrieb viel früher, 1160, als das Ereignis erst acht Jahre zurücklag. Er war an der Seite von Papst Eugen III. gewesen, als dieser Ludwig VII. samt Gemahlin in Frascati empfing: Rom war damals in den Händen Arnolds von Brescia, auch er eine Geistesgröße ersten Ranges, aber aus dem anderen Lager. Das Paar kam gerade aus dem Orient zurück. Als Anführer des zweiten Kreuzzugs hatte Ludwig VII. Eleonore mit auf die Reise genommen. Nach dem Scheitern der Expedition und den Schwierigkeiten, die sich daraus für die lateinischen Niederlassungen im Heiligen Land ergaben, fragten sich die Kirchenmänner nach den Ursachen des ganzen Ärgers und behaupteten, er käme eben daher: »Seiner Gemahlin in heftiger Leidenschaft verfallen«, schreibt Wilhelm von Newburgh – und nur um das zu erklären, insistiert er auf den körperlichen Reizen der Königin –, hielt der eifersüchtige Ludwig dafür, »daß er sie nicht zurücklassen sollte, und daß es der Königin gebührte, ihn in den Kampf zu begleiten«. Viele Edelleute folgten seinem schlechten Beispiel, und da die Damen auf Kammerfrauen nicht verzichten mochten, war das Heer der Streiter Christi, das ein Inbegriff der männlichen Zucht hätte sein müssen, bald von Weibern durchsetzt und mit Schändlichkeiten überzogen. Das erregte Gottes Zorn.

Tatsächlich hatte die ganze Reise einen schlechten Verlauf genommen. In Antiochia war Eleonore im März 1148 mit Raimund zusammengetroffen, dem Herrn der Stadt, einem Bruder ihres Vaters. Onkel und Nichte verstanden sich gut, zu gut sogar in den Augen des Gemahls, der sich beunruhigte und den Aufbruch nach Jerusalem beschleunigte. Eleonore weigerte sich, ihm zu folgen. Er zwang sie mit Gewalt. Glaubt man dem Erzbischof Wilhelm von Tyr – der sein Geschichtswerk zwar dreißig Jahre später verfaßte, als die Legende in voller Blüte stand, aber immerhin, vergessen wir das nicht, zu Lebzeiten der Königin, und der im übrigen hervorragend plaziert war, um die Echos der Affäre zu vernehmen –, muß die Beziehung zwischen Raimund und Eleonore sehr weit gegangen sein. Demnach hätte der Fürst von Antiochia geplant, den König, um ihn aufzuhalten und das Heer für die eigene Politik zu gebrauchen, »gewaltsam oder durch Intrige« seiner Gattin zu berauben: sie, behauptet der Geschichtsschreiber, war einverstanden. In der Tat, sagt er, »zählte sie zu den tollen Weibern. Leichtfertigen Benehmens, wie man es von ihren Sitten bereits kannte und auch später sehen sollte, setzte sie sich zum Hohn der königlichen Würde über das Gebot der Ehe hinweg und mißachtete das Ehebett.« Weniger derb drückt sich da schon Aubry des Trois Fontaines in seiner Anschuldigung aus: Eleonore habe jener Zurückhaltung entbehrt, die den Gemahlinnen, insbesondere denen der Könige, geziemt und ihrem natürlichen Hang zur Wollust entgegenwirkt.

Was nun Johannes von Salisbury betrifft, so lastet er

Eleonore nur einen Fehler an, der allerdings schwer genug wiegt: die Rebellion. Ihrem Gatten und somit ihrem Herrn widerstrebend, hatte sie in Antiochia die Trennung verlangt. Eine Forderung, die natürlich unerträglich war. Wenn es dem Mann gemeinhin zugestanden wurde, daß er seine Frau wie einen schlechten Diener abservierte und verstieß, schien der umgekehrte Fall doch skandalös. Als Scheidungsgrund führte die Königin den besten aller Vorwände ins Feld, die Blutschande. Sie erklärte, daß sie und er Verwandte vierten Grades seien, was tatsächlich stimmte, und daß sie in diesem Zustand der Sünde nicht länger zusammenbleiben könnten. Eine seltsame Enthüllung in Wirklichkeit: über diese Verwandtschaft, die ganz offensichtlich war, hatte elf Jahre lang, seit ihrer Heirat, niemand je ein Wort verloren. Ludwig war fromm, er reagierte verstört, und »obgleich von maßloser Liebe für die Königin erfüllt«, machte er sich bereit, sie gehen zu lassen. Einer seiner Ratgeber, der Eleonore ebensowenig mochte wie sie ihn, soll den König schließlich mit folgendem Argument davon abgehalten haben, ihrem Willen nachzugeben: »Welch eine Schande für das Königreich, wenn man erführe, der König lasse sich von seiner Gattin düpieren oder sie habe ihn verlassen!« Aus Paris erteilte Ludwigs Mentor, der Abt Suger, ihm den gleichen Rat: die Wogen glätten und durchhalten, das Ende der Reise abwarten.

Die Verstimmung zwischen den Eheleuten dauerte an, als sie bei der Rückkehr von ihrer Pilgerreise nach Jerusalem vom Papst empfangen wurden. Dieser ermannte sich, sie zu versöhnen. In seinem eigenen Interesse. Einerseits wollte er in aller Deutlichkeit seine Kontrollmacht über die Institution der Ehe demonstrieren. Andererseits fürchtete er die politischen Unruhen, die in diesem Fall durch eine Scheidung ausgelöst zu werden drohten. Gemeinsam war das Paar vor ihm erschienen – und hier dürfen wir Johannes von Salisbury folgen, der dabeigewesen ist. Der Papst hörte sich die Beschuldigungen an. Er beschwichtigte. Und der König frohlockte, immer noch beherrscht von einer Leidenschaft, die Johannes »kindisch« nennt, von einer Begierde, die zu zügeln ein Mann, ein wahrer Mann und insbesondere ein König, sich schuldig ist. Papst Eugen III. ging so weit, die Eheleute unter Wahrung aller Formen und Durchführung aller entsprechenden Riten neu zu vermählen und ihnen insbesondere das wechselseitige Versprechen abzunehmen, das laut und deutlich gesprochene »Ja«, wie auch die schriftliche Erklärung. Dann geleitete er sie feierlich zu dem prunkvoll hergerichteten Brautbett, um – an diesem Ort die Rolle des Vaters erfüllend – zu überwachen, daß alles Weitere verlief, wie es sich gehörte. Abschließend untersagte er ihnen in würdevoller Strenge, diese Ehe je zu lösen und je wieder von Blutschande zu reden.

Weniger als drei Jahre später war wieder die Rede davon – auch diesmal, um die Scheidung zu rechtfertigen. Es geschah in Beaugency, bei Orléans, vor einer Großversammlung von Prälaten. Zeugen traten auf und beschworen, woran es keinen Zweifel gab: daß Ludwig und Eleonore vom gleichen Blute waren. Die Ehe war also inzestuös. Infolgedessen war sie keine Ehe. Die Verbindung brauchte nicht einmal gelöst zu werden: sie existierte nicht. Niemand dachte an das päpstliche Verbot. Der König hatte sich dem Rat seiner Vasallen gefügt, wie es der Menestrel von Reims berichtet, dem man in diesem Punkt sicher glauben darf. War Eleonore in der Zwischenzeit über die Stränge geschlagen? Hatte sie sich wie eine wohlfeile Dirne aufgeführt, als ein Jahr zuvor die beiden Plantagenets, Vater und Sohn, in Paris zu Besuch gewesen waren? Der Hauptgrund war, davon bin ich überzeugt, daß sie sich als unfruchtbar erwies. Nicht ganz unfruchtbar in Wirklichkeit – und wenn man überhaupt davon sprechen kann, so lag es, sollte man meinen, nicht an ihr, die doch in den Armen eines neuen Gatten eine außerordentliche Gebärfreudigkeit an den Tag legte. Dem jetzigen aber hatte sie in fünfzehn Jahren Eheleben nur zwei Töchter geschenkt, und das auf quasi wundersame Weise. Die erste war nach einer Fehlgeburt und sieben Jahren vergeblichen Wartens infolge eines Zwiegesprächs in der Basilika von Saint-Denis geboren worden. Eleorore hatte sich bei Bernhard von Clairvaux über die Härte Gottes beklagt, der verhinderte, daß sie Kinder bekam. Daraufhin hatte der Heilige ihr versprochen, sie würde endlich fruchtbar sein, wenn sie Ludwig dazu brächte, sich mit dem Grafen der Champagne zu einigen und einen Krieg zu beenden, von dem man vielleicht sogar annehmen konnte, daß sie ihn selbst entzündet hatte. Die zweite Tochter war nur achtzehn Monate vor dem Konzil von Beaugency zur Welt gekommen, eine Frucht der Versöhnung von Frascati, der erneuten Hochzeitsnacht und des vom Papst reichlich gespendeten Segens. Nun stand es aber dringend an, daß der König von

Frankreich einen männlichen Erben bekam. Dazu schien diese Frau ihm kaum verhelfen zu können. Sie wurde abgeschoben – trotz ihrer Reize und trotz Aquitanien, der schönen Provinz, die sie in die Ehe eingebracht hatte und die sie nun, als sie gleich nach der Nichtigkeitserklärung den Hof verließ, wieder mit sich nahm.

Eleonore wurde 1152 genau das, was sie mit dreizehn Jahren schon einmal gewesen war: eine hervorragende Partie, ein Glücksfall für denjenigen unter den Prätendenten, der ihrer habhaft werden sollte. Viele hatten ein Auge auf sie. Zwei hätten sie während ihrer kurzen Reise von Orléans nach Poitiers beinahe in die Hand bekommen. Es gelang ihr, nächtens aus Blois zu entfliehen, ehe der Stadtherr, Graf Thibaut, Gelegenheit fand, sie mit Gewalt zu seiner Frau zu machen; dann konnte sie, von ihren Knappen gewarnt, den Hinterhalt umgehen, in dem der Bruder Heinrich Plantagenets ihr aufzulauern suchte. Heinrich selbst war es dann, dem sie in die Arme fiel. Gervasius von Canterbury nimmt an, daß sie den Handstreich vorbereitet hatte. Er behauptet, sie habe den Herzog der Normandie durch Geheimboten wissen lassen, daß sie verfügbar sei. Heinrich, »verlockt vom edlen Blute dieser Frau, aber mehr noch von den Gütern, die sie mitbrachte«, eilte herbei. Am 18. Mai vermählte er sich in Poitiers mit ihr. Trotz aller Hindernisse. Ich spreche weder vom Altersunterschied – Heinrich war neunzehn, Eleonore neunundzwanzig: sie hatte längst erreicht, was man damals für ein reifes Alter hielt –, noch spreche ich von der Blutsverwandtschaft, die in dieser Eheverbindung ebenso offenkundig, ebenso eng war wie in der vorherigen. Ich spreche von der Sterilität, die man bei der Ex-Königin Frankreichs vermutete, und vor allem von dem Interdikt, mit dem Heinrichs Vater, Gottfried Plantagenet, Seneschall des Königreichs, seinen Sohn belegt hatte. Rühr' sie nicht an, soll er ihm gesagt haben, und das aus zwei Gründen: »Sie ist die Gattin deines Herrn, und auch dein Vater hat sie schon gekannt.« Mit der Gemahlin seines Herrn zu schlafen, wurde zu jener Zeit in der Tat für unschicklich und sündiger noch gehalten als das, was die Kirche unter Inzest im Sinne der Blutschande verstand. Doch eine Liebespartnerin mit dem eigenen Vater zu teilen, das war Inzest »von der zweiten Art«, ein »ursprünglicher« Inzest, wie Françoise Héritier gezeigt hat, und darum in allen Gesellschaften strengstens verurteilt. Immerhin sind es zwei von neun Geschichtsschreibern, Walter Map und Giraldus Cambrensis, die, wenn auch spät und recht geschwätzig, daran erinnern, daß Gottfried, wie einer der beiden sagt, »seinen Teil an dem gehabt hatte, was sich in Ludwigs Bett befand«. Dieses doppelte Zeugnis macht die Sache glaubwürdig und bestätigt, daß Eleonore nicht zu den Schüchternsten gehörte.

Bei den höfischen Gesellschaften hat man sich natürlich an diesem Abenteuer gelabt, und alle, die den König von Frankreich beneideten, die ihn fürchteten oder die einfach gerne lachten, rissen ihre Witze über ihn. Hier kommen wir der Legende auf den Grund, und die Schriftsteller, die in den Klöstern oder den Bibliotheken der Kathedralkapitel zu memorieren trachteten, was sich in ihrer Zeit ereignet hatte, griffen solchen Klatsch nur allzu gerne auf – bis Eleonore sich zwanzig Jahre nach dem Konzil von Beaugency abermals rebellisch zeigte. Sie erhob sich gegen ihren zweiten Ehemann.

Sie war fünfzig Jahre alt. Mittlerweile unfruchtbar und wohl kaum noch so liebreizend wie einst, konnte ihr Gemahl nichts Nützliches mehr an ihr finden. Sie hatte jene Phase des Daseins erreicht, in der die Frauen des 12. Jahrhunderts, sofern sie das ununterbrochene Gebären überstanden hatten, ihres Ehemanns meist ledig waren, in der sie, über das ihnen bei der Heirat zugesprochene Wittum verfügend und meist von ihren Kindern, namentlich dem ältesten Sohn, geachtet, erstmals in ihrem Leben wirkliche Macht besaßen und sich daran erfreuten. Aber solche Freiheit genoß Eleonore nicht. Heinrich lebte noch. Rastlos, immer unterwegs, von einem Ende zum anderen seiner riesigen Besitzungen galoppierend, die der Zufall der Erbfolgen ihm in die Hand gespielt hatte, von Irland nach Quercy, von Cherbourg an die Grenzen Schottlands, hatte der König von England, Herzog der Normandie, Graf von Anjou und in Eleonores Namen Herzog von Aquitanien sich nie viel um sie gekümmert. Manchmal, wenn es ihm gelegen kam, sie an seiner Seite zu zeigen, hatte er sie diesseits oder jenseits des Ärmelkanals hier- und dorthin mitgeschleppt, sie ab und zu auf die Schnelle geschwängert. Jetzt ließ er sie gänzlich allein, indem er sich mit anderen Frauen amüsierte. Aber er war immer noch da.

Um die ihr verbliebenen Chancen zu nutzen, stützte sich Eleonore auf ihre Söhne, insbesondere auf Richard. Der älteste, Wilhelm, war als Kind gestorben. 1170 hatte

Heinrich dem Drängen der beiden nachgeborenen, die allmählich größer wurden und ungeduldig ihren Anteil an der Macht verlangten, nachgeben müssen. Er hatte Heinrich, fünfzehn Jahre alt, zum König krönen lassen, und Richard, dreizehn Jahre alt, das Erbe seiner Mutter abgetreten: Aquitanien. Eleonore stand natürlich hinter dem Jungen, um, in seinem Namen handelnd, endlich Herrin des Erbguts ihrer Ahnen zu werden. Im Frühjahr 1173 wagte sie sich weiter vor: sie unterstützte die Revolte ihrer unersättlichen Sprößlinge und deren jüngeren Bruders. Aufstände dieser Art, bei denen sich die Söhne gegen einen Vater wandten, der nicht zum Sterben kam, waren damals gang und gäbe, doch selten sah man die Mutter der Unruhestifter Partei für sie ergreifen und ihren Ehemann verraten. Eleonores Haltung löste also Empörung aus. Zum zweiten Mal schien sie die Grundregeln der Ehelichkeit zu brechen. Eben das ließ der Erzbischof von Rouen sie wissen: »Die Gemahlin«, sagte er, »ist schuldig, wenn sie sich von ihrem Gatten entfernt, wenn sie dem Ehebund nicht Treu und Achtung schenkt... Wir alle beklagen, daß du dich so von deinem Gatten trennst. Da entrückt der Leib dem Leibe, das Glied dient dem Haupt nicht mehr und, was alle Grenzen überschreitet, du duldest, daß sich des Herrn Königs und dein eigen Fleisch und Blut gegen den Vater erheben... Kehre zurück zu deinem Gemahl, wenn nicht, werden wir dich dem kanonischen Recht gemäß zur Rückkehr zwingen.« Eine solche Standpauke hätten alle Herren in Europa halten können. Denn sie alle waren überzeugt, daß der Mann, wie es der Prälat ausdrückt, »der Frau als Oberhaupt vorsteht, daß die Frau vom Bein des Mannes stammt, daß sie mit ihm verbunden und der Macht des Mannes unterworfen ist«.

Heinrich schlug die Revolte nieder. Im November war Eleonore in seiner Hand, gefangengenommen, als sie in Männerkleidung – auch dies ein schwerer Verstoß gegen das Gesetz – versucht hatte, zu ihrem ersten Ehemann, dem König von Frankreich, zu fliehen. Heinrich ließ sie auf der Burg von Chinon verwahren. Manche sagen, er habe sich mit dem Gedanken getragen, sie wie sein Vorgänger unter dem Vorwand der Blutschande zu verstoßen, aber das bedeutete ein großes Risiko, er wußte es aus Erfahrung. Er zog es vor, sie bis kurz vor seinem Tod 1189 in der einen oder anderen Festung gefangenzuhalten. Während all dieser Jahre wurde viel über sie geredet – freilich nicht, um ihr zu huldigen, wie es die Träumer unserer Tage tun, nicht, um ihre Tugenden zu preisen, sie als erste Heldin des feministischen Kampfes oder der okzitanischen Unabhängigkeit zu feiern, sondern im Gegenteil, um ihre Schlechtigkeit anzuprangern. Man sprach überall von ihr, ihr kapetingisches Abenteuer in wacher Erinnerung haltend, denn ihre Taten zeigten in aller Deutlichkeit die dunklen Schreckensmächte, die der Frau, wollüstig und verräterisch, von Natur aus innewohnen. Sie waren der Beweis dafür, daß der Teufel sich ihrer als Saat des Unfriedens und der Sünde bedient, woraus sich selbstverständlich die Notwendigkeit ergab, die Töchter eng unter der Kontrolle des Vaters, die Ehefrauen unter der des Gatten zu halten und die Witwen ins Kloster zu schicken. Nach Fontevraud beispielsweise.

Am Ende des 12. Jahrhunderts sahen alle Männer, denen das Verhalten der Herzogin von Aquitanien bekannt war, beispielhaft in ihr verkörpert, was sie selbst an der Weiblichkeit zugleich reizte und beunruhigte.

Tatsächlich unterscheidet sich Eleonores Schicksal kaum von dem anderer Frauen vornehmer Abkunft, die durch Zufall, weil sie keinen Bruder hatten, Erbin einer Grundherrschaft geworden waren. Die Hoffnungen auf Machtgewinn durch sie schürten die Begehrlichkeit der Männer. Die Heiratskandidaten stritten sich um sie, eiferten um den Platz dessen, der sich in ihrem Hause niederlassen und ihr Erbgut ausbeuten durfte, bis die Söhne, die sie ihm schenken würden, das Erwachsenenalter erreicht hätten. Auch diese Frauen wurden unentwegt verheiratet und wiederverheiratet, solange sie nur Kinder kriegen konnten. Außergewöhnlich sind an Eleonores Schicksal lediglich die Umstände der Scheidung und der Rebellion; Ereignisse, deren Bedeutung hauptsächlich darin besteht, daß sie, weil diese Frau Königin und in die große Politik verwickelt war, eine Handvoll schriftlicher Kommentare hervorgebracht haben, die dem Historiker etwas über die damalige Stellung der Frau enthüllen, was sich seinen Forschungen gewöhnlich entzieht. Wir wissen sehr wenig über Eleonore: kein Porträt, neun Zeugnisse, wie ich gesagt habe, die einigermaßen aufschlußreich, im übrigen aber sehr kurz sind, sonst nichts – und doch wissen wir sehr viel mehr über sie als über die meisten Frauen ihrer Zeit.

Wie alle Mädchen hatte Eleonore mit dreizehn Jahren gerade das heiratsfähige Alter erreicht. Ihr Vater bestimmte den Mann, dem sie, ohne daß sie ihn je gesehen hatte, zur Frau gegeben wurde. Der Bräutigam holte sie im Haus des Vaters ab, um sie nach der Hochzeit unverzüglich mit an seinen Wohnsitz zu nehmen. Wie in frommen Familien üblich, wurde die Ehe, irgendwo unterwegs, erst nach einer gottesfürchtigen Dreitagesfrist vollzogen, und wie alle verheirateten Frauen lebte Eleonore in der Furcht, auf Dauer unfruchtbar zu sein. Wie viele wurde sie wieder fortgeschickt, weil man zu lange vergeblich auf einen männlichen Nachkommen hatte warten müssen. Da sie aus einer fernen Gegend stammte, da ihre Redeweise und manches an ihrem Benehmen ungewöhnlich dünkte, wurde sie von der Verwandtschaft ihres Gatten als Eindringling betrachtet, ständig belauert und verleumdet. Es steht fest, daß ihr Onkel Raimund sie in Antiochia zu seinem Spielzeug machte, wenn nicht sexuell, so doch jedenfalls politisch. Er war der einzige männliche Nachkomme des Geschlechts. Infolgedessen besaß er die Macht eines Vaters über Eleonore. Man darf wohl annehmen, daß er sie absichtlich getrieben hat, die Trennung aus Inzestgründen zu verlangen, um sie anschließend nach seinen eigenen Interessen neu zu verheiraten. Fest steht auch, daß es bei dem Trubel, der in den großen Adelshäusern herrschte, nicht an Damen fehlte, die dem stürmischen Werben des Seneschalls ihres Gatten erlagen. Ihnen allen widmeten die Auftragsschreiber ihre Werke, um eben diesen Gatten zu gefallen; ihnen allen schmeichelten sie mit anbiedernden Elogen, ohne darum ihre Liebhaber zu sein. Die Frauen dieser Zeit lebten von Schwangerschaft zu Schwangerschaft. So erging es Eleonore, kaum daß sie das Bett des Plantagenet teilte. Hatte sie Ludwig VII. nur zwei Töchter geschenkt, gebar sie Heinrich drei weitere Mädchen und fünf Knaben dazu. Zwischen dem neunundzwanzigsten und dem vierunddreißigsten Lebensjahr brachte sie, alle zwölf Monate geschwängert, fünf Kinder zur Welt. Dann wurde der Abstand größer. 1165 kam Eleonore mit dem letzten ihrer Kinder nieder, die dem Historiker bekannt sind, da sie erwartungsgemäß kamen und bis auf ein einziges nicht vor der Pubertät gestorben sind. Es war die zehnte Geburt in zwei Jahrzehnten. Eleonore war einundvierzig Jahre alt. Ihre Reproduktionsfähigkeiten waren, wie bei allen Damen ihrer Lebenswelt, vollständig ausgeschöpft worden. Wie jene nahm sie nach der Menopause die Stellung der Matrone ein, indem sie ihren Einfluß auf die Söhne geltend machte, ihre Schwiegertöchter tyrannisierte, die Verwaltung ihres Wittums ihren Intendanten überließ und Heiratspläne für die Enkeltöchter schmiedete – darunter Blanca von Kastilien, die im folgenden Jahrhundert ebenfalls eine unerträgliche Schwiegermutter sein sollte. Wie alle Witwen ihres Ranges zog Eleonore sich schließlich zurück, um sich einem dritten, diesmal himmlischen Gemahl zu widmen. Sie ging in das Kloster, das ihre Familie, ja das sie selbst ihr Leben lang, um sich – etwa nach ihrer Scheidung – von allen Sünden reinzuwaschen, mit Gunstbezeigungen überhäuft hatte. Nach Fontevraud. Wilhelm der Troubadour, ihr Großvater, hatte dieses Kloster sattsam verspottet, es aber, als es ans Sterben ging, selbst mit Almosen bedacht. Heinrich lag dort schon unter der Erde. Dorthin hatte sie Richard das letzte Geleit gegeben. Dort ruht Eleonore in der Erwartung des Jüngsten Gerichts.

Was viele in England wirklich von ihr dachten, zeigt sich an der Art und Weise, wie die Chronisten den tragischen Tod Heinrichs II. im Juli 1189 interpretiert haben. Wie hatte Gott einen derart mächtigen König so jämmerlich zugrunde gehen lassen können, von allen rechtmäßigen Söhnen verraten, von seinen Dienern vollständig entblößt und nackt zu Grabe getragen, beigesetzt in der Abtei von Fontevraud, die er nicht als letzte Ruhestatt gewählt und mit Schenkungen nur bedacht hatte, weil er sich von ganzem Herzen wünschte, daß Eleonore dort den Schleier nahm und endlich aufhörte, ihm zu schaden? Vielleicht, sagt Giraldus Cambrensis in dem Buch, das er »zur Belehrung der Fürsten« schrieb, wollte Gott den Mörder Thomas Beckets und Nachkommen der Fee Melusine, Tochter des Satans, strafen. Mit Sicherheit strafte er in ihm die Sünden seiner Gattin. Besonders deren Bigamie. Denn bigam war Eleonore unbestreitbar, niemand zweifelte daran, und doppelt inzestuös. Dem Plantagenet eine Cousine gleichen Grades wie dem Kapetinger, waren ihre beiden Ehen schuldig. Heinrich hatte ihr die Hand gereicht. Gott übte an ihm Rache. Aber er züchtigte ihn vor allem für den Inzest »von der zweiten Art«, diese schwerwiegende Sünde, die er, betört vom unheilvollen Charme Eleonores, diesem Werkzeug des Teufels, begangen hatte.

Was nun das Bild betrifft, das sich manche – es werden viele gewesen sein – an den nördlichen Höfen Frankreichs von der Herzogin von Aquitanien machten, so entdeckt man seine Züge in jenem köstlichen langen Lied, das in den letzten Jahren des 12. Jahrhunderts glänzende Erfolge feierte: dem *Roman de Renard.* Wer unter denen, die Ysengrins Mißgeschicken lauschten, dachte nicht unwillkürlich an die Eheszenen, die Kränkungen, die Ludwig II. in Antiochia erlitten hatte und über die man sich noch dreißig Jahre später allenthalben amüsierte, zum Spott des Gatten, der »so eifersüchtig war, daß er täglich sich gehörnt wähnte«, und dessen Fehler darin bestand, daß er seinen Katzenjammer öffentlich ausgebreitet, seine Gemahlin schamlos »mit Schimpf überzogen« hatte, wo es doch »nichts taugt, über solcherlei Dinge zu reden«? Wer konnte es sich verkneifen, während der ganzen sprühenden und stichelnden Erzählung an Eleonore selbst zu denken? Namentlich im Zusammenhang mit den drei Damen Ermeline, Fière und Hersent, denen Renard, der »große Hurer«, munter »die Trauben ausquetscht«. Ermeline, die, kaum daß sie sich ihres Mannes ledig glaubt, den »inniglich umschlingt«, »in Liebe umarmt«, den sie gedenkt, zu ihrem neuen Gatten, ihrem neuen Herrn zu machen: den Jüngling, den sie auserkoren hat, weil sie schon weiß, daß er »die Sache aufs Köstlichste besorgt«. Und im Zusammenhang mit der Königin, Gemahlin des Löwen, der stolzen Madame Fière, derer Renard sich nächtlicherweise bemächtigt, als sie sich, sehr erzürnt gegen ihren Herrn Gemahl, abseits schlafen gelegt hat – wem kam da nicht die Sternstunde des Gottfried Plantagenet, zu Besuch am Hof von Frankreich, in den Sinn? Und war nicht auch Eleonore geneigt, die Warnungen der Weisen – »Gott bewahre dich vor Schande« – zu mißachten und den jungen Burschen in der Hoffnung ihren Ring zu geben, daß sie »um der Liebe willen«, die durch dieses Pfand versprochen ward, bald kommen würden, »vertraulich und ohne großen Lärm« mit ihr zu reden? Und der Dichter, der den langen Widerhall der Skandalgeschichte ausnutzte, hat er sich nicht den Kopf zerbrochen, damit seine Hörer die Königin Eleonore unter den Zügen von Hersent erkannten, Hersent, der Ehebrecherin, Hersent, der Verführerin, derjenigen, die ihre Buhler betört, ja den Galanen gar aus ihrem Wochenbett zu viel Respekt vor dem Zorn des Ehemanns und zu wenig Besuche in ihrem Gemach vorwirft, nur zu gern bereit, sich allen Freuden des Spiels hinzugeben? Hersent, der dieses Spiel gleichsam Sinn und Zweck des Lebens ist, und die Ysengrin, ihren Mann, im Stich läßt, als er zeigt, daß er keiner mehr ist: »Wenn er die Sache nicht mehr besorgen kann, was habe ich dann noch mit ihm zu schaffen?« Hersent, die »Dirne«, die, »wo sie schon einen Gatten hat, sich einen anderen nimmt«? – Bigamie.

Wer immer damals von Eleonore reden hörte, dachte an Sex. Sex, das Hauptthema des *Roman de Renard* in den sprühendsten Teilen seiner Gesellschaftskritik. Eleonore, *alias* Ermeline, *alias* Fière, *alias* Hersent – diese Frau ist die Inkarnation der Wollust, der »Schleckerei«. Sie denkt nur an das Eine, und im Grunde soll es den Männern recht sein, da die Frau aus ihrer Sicht ein Spielzeug ist, um so anziehender, je mehr sie vor Begierde brennt. Es kommt lediglich darauf an, daß sie sich an die Regeln des Versteckspiels hält. Daß alles diskret, ohne Eklat, ohne

Gewalt abläuft. Und ohne Klagen. Derjenige, der verurteilt wird, ist Ludwig VII.: unfähig, die Flammen seiner Ehehälfte selbst zu löschen, war er geschmacklos genug, sich eifersüchtig zu zeigen. Dem Fuchs Renard dagegen wird verziehen, weil er liebt und weil er so expert ist in der Liebe. Der höfischen Liebe natürlich. Antwortet die Dame auf ihr Werben, nimmt sie ihre »Liebe« an, haben die Männer das Recht, sie zu verfolgen und sie in Besitz zu nehmen. Eleonore war eine schöne Entschuldigung. Ihr vorgebliches Verhalten rechtfertigte jede Ausschweifung, und daß man sich trotz Ehe freiweg verlustierte. Das dürfte wohl der Grund gewesen sein, warum Andreas Capellanus sie in seinem *De amore*, auch dies ein Possenstück, als imaginäre und lächerliche Gesetzgeberin der höfischen Vorschriften ins Zentrum eines Liebeshofs gestellt hat. Das Unglück ist nur, daß solche Schwänke wie auch die schwülstigen Loblieder der Troubadoure für ernst genommen worden sind und heute noch für ernst genommen werden. Eleonores Tugenden preisen? Über ihre Fehler lachen oder sich entrüsten? Ich für meinen Teil wäre eher geneigt, die Dame zu beklagen.

MARIA MAGDALENA

MARIA MAGDALENA

In der Mitte des 12. Jahrhunderts wurde ein Handbüchlein für die Pilger von Santiago de Compostela verfaßt, nicht unähnlich den touristischen Broschüren, die heutzutage in den Reisebüros ausliegen: es beschreibt vier beim Pyrenäenübergang zusammenlaufende Routen durch das französische Königreich mit genauen Angaben, welche Heiligtümer entlang der verschiedenen Strecken einen Aufenthalt oder gar einen Umweg lohnen: Orte, an denen die Gebeine von Heiligen ruhen, die – man sieht es an den Wundern, die sich bei ihren Grabstätten ereignen – ebenso oder fast ebenso mächtig sind wie der Apostel Jakobus. Unter diesen Heilern, diesen Beschützern, sind zwei Frauen, die heilige Fides und die heilige Maria Magdalena. Die erste in Conques, die zweite in Vézelay.

Vézelay war damals ein wichtiger Stützpunkt im Netzwerk der Pilgerreisen. Dort begann einer der vier »Wege des Heiligen Jakobus«, und der heilige Bernhard hatte diesen vielbesuchten Ort gewählt, um den zweiten Kreuzzug zu predigen – in den gleichen Jahren, in denen auch der *Guide du pèlerin* entstand. Das Büchlein rühmt in kurzen Worten die Vorzüge von Vézelay. Hier sieht man, so heißt es, »eine grandiose und sehr schöne Basilika« – dieselbe, gerade fertiggestellt, die uns heute noch in Staunen setzt. Am 22. Juli finden prunkvolle Festlichkeiten statt, denn an diesem Ort ruht »der allerheiligste Leichnam der seligen Maria Magdalena«, jener glorreichen Maria, die »mit ihren Tränen die Füße des Herrn benetzte«, und von der geschrieben steht: »Darum ward ihr für ihre zahlreichen Sünden Vergebung zuteil, daß sie den sehr geliebt hat, der alle Menschen liebt, Jesus, ihren Erlöser.« Neben anderen Wohltaten gibt diese Heilige den Blinden das Augenlicht, den Stummen die Sprache, den Lahmen die Beweglichkeit und den Rasenden die Seelenruhe wieder – lauter Wunder, die Christus selbst vollbracht hat. Schließlich, und das ist das wichtigste, geschieht es »um ihrer Liebe willen, daß der Herr den Sündern ihre Schuld vergibt«. Alles ist da: die Wunderheilungen, die Sünde, die Liebe, die Tränen, die Erlösung. Genug, um alles zu erklären: den glänzenden Erfolg einer Wallfahrtsstätte, die zu den meistbesuchten im ganzen Abendland gehörte, den Zustrom der Massen, den schnellen Reichtum der Ordensgemeinschaft, die bewundernswerte Kirche. Genug, um auch die beharrliche Präsenz einer Frauengestalt im kollektiven Imaginären zu erklären – die der Geliebten Gottes, der Begnadigten, deren Ruhm durch lebhafte Werbung und durch die Erzählungen der Pilger allenthalben wachgehalten wurde. Im 12. Jahrhundert war Maria Magdalena ebenso lebendig, ebenso gegenwärtig wie Eleonore. Und wie auf deren leibhaftigen Körper projizierten sich die Ängste und Begierden der Männer auf den imaginierten Körper der heiligen Magdalena.

Viele Frauen tauchen in den Evangelien auf. Magdalena, achtzehnmal erwähnt, ist die sichtbarste von allen, diejenige, deren Haltungen, deren Gefühle am genauesten beschrieben werden, viel weniger undeutlich und abstrakt, viel weniger legendenhaft als die andere Maria, die Mutter Gottes. »Maria, die da Magdalena heißt, von welcher waren sieben Geister ausgefahren«, wie es bei Lukas heißt, hat Jesus in Galiläa gedient. Mit einigen Gefährtinnen, ebenfalls durch ihn von bösen Geistern oder Krankheiten geheilt, ist sie ihm nach Jerusalem gefolgt und hat ihn bis Golgatha begleitet. Von ferne haben diese aufmerksamen Nachfolgerinnen der Kreuzigung beigewohnt. Dann, als der Leib Christi abgenommen und ins Grab gelegt war, gedachten sie ihn zu salben. Die Salbung des Leichnams war – auch im 12. Jahrhundert noch – Aufgabe der Frauen. Um die Spezereien zu kaufen, mußten sie jedoch abwarten, bis der Sabbat vorüber war. Am Ostermorgen, bei Sonnenaufgang, kehrten sie zum Grab zurück und fanden es offen, der Stein war abgewälzt. Erschreckt entflohen sie, verständigten die Apostel. Petrus und Johannes eilten an den Ort des Geschehens. Maria »aus Magdalena« mit ihnen. Sie sahen, daß der Leichnam nicht mehr da war und gingen fort. Schluchzend blieb Maria allein vor dem Grab. »Weib, was weinest du?« sprachen zwei Engel zu ihr. »Sie haben meinen Herrn weggenommen, und ich weiß nicht, wo sie ihn hingelegt haben«, sagte sie, indem sie sich zurückwandte und einen Mann sah, den sie für den Gärtner hielt. Doch als er sie bei ihrem Namen rief, »Maria!«, erkannte sie Jesus in ihm. Sie wollte ihn aufhalten. Er aber ließ es nicht zu und befahl ihr, seinen Jüngern die Auferstehung zu verkünden. Somit war sie, Magdalena, die erste Zeugin der Auferstehung, Apostelin der Apostel.

In den Evangelien ist die Rede von zwei anderen Frauen, die leicht mit Magdalena zu verwechseln sind. Die eine, deren Name nicht genannt wird, ist »eine Sünderin der Stadt«, das heißt eine Hure, eine Prostituierte. Lukas zeigt sie im Haus eines Pharisäers in Galiläa, der Jesus zu Tisch gebeten hatte. »Sie trat hinten zu seinen Füßen und weinte und fing an, seine Füße zu netzen mit Tränen und mit den Haaren ihres Hauptes zu trocknen, und küßte seine Füße und salbte sie mit Salbe.« Wenn sein Gast ein Prophet wäre, sagte da der Pharisäer, wüßte er, was diese Verruchte für ein Weib sei. Jesus aber antwortete: »Ihr sind viele Sünden vergeben, denn sie hat mir viel Liebe erzeigt.« Diesen Abschnitt hat der Verfasser des *Guide du pèlerin* zusammengefaßt, die Szene jedoch an einen anderen Ort verlegt: bei ihm findet sie nicht in Galiläa statt, sondern in Bethanien, in Judäa also, und zwar unmittelbar vor der Passion, im Hause Simons des Aussätzigen. Eine verzeihliche Verwechslung, denn Markus und Matthäus berichten sehr Ähnliches aus diesem Haus: Jesus saß bei Tisch; da kam eine Frau herein, »die hatte ein Glas mit unverfälschtem und köstlichem Nardenöl, und sie zerbrach das Glas und goß es auf sein Haupt«. Als aber Judas Ischarioth unwillig meinte, man hätte das Öl besser verkaufen und das Geld den Armen geben sollen, wies Jesus ihn zurecht: »Laßt sie! Sie hat meinen Leib im voraus gesalbt zu meinem Begräbnis.« Der Evangelist Johannes, der die gleiche Episode erzählt, präzisiert, daß die Frau mit dem Salböl Maria hieß. Sie war die Schwester von Martha und von Lazarus, engen Freunden des Nazareners, zu dessen Füßen sitzend Lukas sie an einer anderen Stelle zeigt, wie sie den Worten Jesu lauscht, während Martha sich murrend in der Küche zu schaffen macht.

Drei verschiedene Personen also, drei Frauen, die aber alle drei den Leib Jesu – tot oder lebendig, das ist eins, wie Christus selber sagt – mit wohlriechenden Ölen gesalbt haben beziehungsweise salben wollten. Alle drei werden auf Knien, zu Füßen des Herrn, in einer beschaulichen Haltung verliebter Bewunderung dargestellt. Aus diesem Grund hatte sich schon im 6. Jahrhundert Papst Gregor der Große ermächtigt gefühlt, in seiner 33. Homilie festzustellen, daß »die Frau, die von Lukas als die Sünderin bezeichnet und von Johannes Maria genannt wird, dieselbe ist, über die Markus sagt, ihr seien sieben böse Geister ausgetrieben worden«. Während des ganzen Mittelalters haben nur sehr wenige mit diesem Satz gehadert.

Das gilt zumindest für die lateinische Christenheit. In der griechischen freilich wurde Maria, die Magdalenerin, weiterhin von den beiden anderen unterschieden: ihr Fest war der 22. Juli, und ihr Grab wurde in Ephesus verehrt. Vom östlichen Mittelmeer über Süditalien verbreitete sich der Kult dieser Heiligen im Abendland, zuerst nach England: die ältesten Spuren aus dem 8. Jahrhundert finden sich in diesem Land, das nach der kurz zuvor erfolgten Annahme des Christentums eng mit Rom und so auch mit den byzantinischen Quellen verbunden war. Seine Benediktinerklöster bildeten damals die Vorhut der geistlichen Forschung, und die aus den englischen Abteien hervorgegangenen Missionare brachten die Keime der Magdalenenverehrung auf den Kontinent. In den großen fränkischen Klöstern, vor allem in Saint-Benoît-sur-Loire, das um diese Zeit eine fruchtbare Werkstatt liturgischer Innovationen war, nahm dann – offenbar im Zusammenhang mit der nächtlichen Lesung der Ostersonntagsmesse – ein szenisches Spiel Gestalt an, dessen Ablauf Dunstan, der Erzbischof von Canterbury, für das Ende des 10. Jahrhunderts beschrieben hat. Bei diesen ersten Ansätzen geistlicher Dramaturgie trat Magdalena im Innenraum der Kirche physisch in Erscheinung. Schon am Karfreitag war ein in Schleier gehülltes Kreuz, Sinnbild des gestorbenen Christus, auf dem Altar in einen Reliquienschrein, der das Heilige Grab darstellte, versenkt und im Laufe der folgenden Nacht wieder herausgenommen worden, so daß nur die Schleier, also die Leintücher, übrigblieben. Zu Beginn der Ostermesse setzte sich ein Mönch, wie der biblische Engel mit einem weißen Chorhemd bekleidet, rechts neben das Grab. Drei andere Mönche kamen langsam näher, das Gebaren der heiligen Frauen nachahmend. Schließlich wurden zwischen ihnen und ihrem Komparsen einige Sätze nach dem Markusevangelium ausgetauscht. »Wen suchet ihr?« »Jesus von Nazareth.« »Er ist nicht hier, er ist auferstanden!« Wir sind bei den fernen Ursprüngen unseres Theaters, denn – und darauf kommt es an – dieser Dialog schwoll immer mehr an, während gleichzeitig die Osterliturgien reicher wurden und die Figur der Maria Magdalena sich aus der Frauengruppe löste. In einer dem *Guide du pèlerin* zeitgenössischen Handschrift aus Tours steht Magdalena im Mittelpunkt der Szene. Sie nähert sich allein dem offenen Grab, schreit ihren Schmerz heraus und fällt am Ende einer langen Liebesklage ohnmächtig zu Boden; ihre Gefährtinnen helfen ihr mit den Worten auf: »Liebe Schwester, es ist zuviel Herzeleid in dir.« Wahrscheinlich war das Schauspiel zu diesem Zeitpunkt, in der Mitte des 12. Jahrhunderts, bereits aus den Klostermauern herausgetreten, ein öffentliches Spiel geworden. Aber vergessen wir nicht: lange Zeit hatte es sich auf das klösterliche Milieu beschränkt, in dem ein Mann die Rolle der Freundin des Herrn übernahm.

Aus einem Mönchskloster stammt auch der älteste Text, der, von einem Mann verfaßt, am 22. Juli bei der Messe zum Fest der Heiligen vor Männern gelesen werden sollte. Traditionsgemäß wird dieser »Sermon zur Verehrung der Maria Magdalena« dem Abt Odo von Cluny zugeschrieben und auf den Anfang des 10. Jahrhunderts datiert. Tatsächlich kennen wir weder den Autor noch das Datum. Die sicherste Hypothese spricht jedoch dafür, daß dieser Text ein Jahrhundert später in Burgund entstanden ist. Es handelt sich um einen Kommentar des Evangeliums nach jenem deduktiven Verfahren, das gegen Ende der Karolingerzeit von den Gelehrten der Abtei Saint-Germain-d'Auxerre in der Absicht angewendet wurde, den Sinn der Wörter in ihrer vielfältigen Bedeutung freizulegen, um aus der Heiligen Schrift eine moralische Lektion zu ziehen. Er läßt durchscheinen, welches Bild sich ein Mönch um das Jahr Tausend von einer weiblichen Person machte, deren Beispiel er anderen Mönchen zur geistlichen Unterweisung präsentierte.

Es geht um eine Frau, kein Zweifel. Als Frau – *mulier*, dieses Wort kehrt laufend wieder – wird Magdalena verehrt. Aber was für eine Frau? Die Sünderin? Mitnichten. Der unbekannte Autor des »Sermon« sieht sie als eine Dame, eine Frau, die ihr Leben gelebt und schließlich den irdischen Dingen entsagt hat, um sich denen des Himmels zuzuwenden. Diese Frau ist vermögend, freigiebig, *largissime*, denn sie ist von vornehmer Geburt, *clarissime*, und verfügt frei über ihre eigenen Güter. Die Züge, die dieser selbst aus höchsten Adelskreisen stammende Mönch ihr verleiht, sind die der Frauen, die er aus seiner Kindheit kennt, die Züge jener hoheitlichen Witwen, die – wie Adelheid, kaiserliche Gattin und Mutter eines Kaisers, deren Epitaph der Abt Odilo von Cluny damals gerade schrieb – alles, was ihnen an Macht verblieben war, auf die Unterstützung der Klöster verwendeten: die einzigen Frauen, denen die Mönche begegneten, ohne daß ihnen Schamesröte ins Gesicht stieg. Ihrer beunruhigenden weiblichen Reize durch das Alter beraubt, hatten sie in jüngeren Jahren das Bett eines Mannes geteilt, am eigenen Leib die Lust und somit die Sünde erfahren. In der Zurückgezogenheit am Ende ihres Lebens beweinten sie ihre Verfehlungen. Der Autor des »Sermon« geht auf dieses Weinen ein (obwohl er den Zusammenhang zwischen Weinen, Sünde und Vergebung am Beispiel des Lazarus, der hier für die Auferweckung steht, noch deutlicher macht). Gewiß, auch für ihn ist Magdalena schuldig, aber in dem Sinne, wie jeder von uns schuldig ist. Sünde ist das Los der Menschheit. Und gäbe es nicht das Zitat aus dem Lukasevangelium – wer dächte schon an eine Hure? Der Mönch hüllt sich in Schweigen. Man hat den Eindruck, als sei die Obsession der sexuellen Beschmutzung, die Beunruhigung über das Weibliche ein wenig an diesen Männern vorbeigegangen, die, schon als Kind ins Kloster gegeben, nie aus dessen Mauern herausgekommen und daher unberührt geblieben waren, ganz wie jene »unbefleckten Lämmer«, deren Ideal und Machtwillen Dominique Iogna-Prat beschreibt.

So wird die weibliche Natur in diesem Text nicht durch die Neigung zur Wollust definiert, sondern durch zwei andere Merkmale. Das erste ist die Schwäche, die Schüchternheit, die es dem Autor erlaubt, Maria Magdalena den Männern als Beispiel vorzuführen. Hat sie als Frau es nicht vermocht, ihre Schwäche, ihre Furcht zu überwinden? Sie allein ist vor dem offenen Grab geblieben! Der zweite, wesentliche Zug aber ist die Liebe, die »höchste Glut der Liebe«, und diese Aufwallung von Weiblichkeit wird hier als große Tugend dargestellt, als Grundlage der Standhaftigkeit, der langmütigen Ausdauer der Heiligen. Magdalena weint, doch tut sie es nicht aus schlechtem Gewissen: sie weint aus unbefriedigtem Verlangen. Verlangen nach diesem Mann, »den sie, als er lebte, so inniglich geliebt«. Sich Jesus zu Füßen zu werfen, ist die Gebärde einer Liebenden, nicht einer Büßerin. In Liebe zu ihrem Herrn entbrannt, machte Maria sich auf, sein Grab zu suchen. Als sie es verlassen fand, blieb sie dort. Weil sie nicht nachließ, zu suchen, in der Finsternis zu warten, weil sie ihre Angst und ihre

Zweifel überwand, durfte sie das Wunder schauen. Ja, wir Männer sollten daraus lernen und wie die Frauen werden, das Weibliche in uns kultivieren, um vollauf lieben zu können, wie es sich gehört.

Dem Kloster entsprungen, enthält dieser Text in Ansätzen eine Art Rehabilitation der Weiblichkeit, vielleicht als Huldigung an jene edlen Witwen, denen die Mönche immerfort versicherten, sie seien, besser noch als ihre verstorbenen Gatten, in der Lage, Gott milde zu stimmen. Weil Maria Magdalena nicht müde wurde, zu lieben, zu warten und zu hoffen, hat sie, eine Frau, es trotz ihrer Schwächen verdient – hier entlarvt sich die männliche Herablassung, der unbezwingliche Stolz, ein Mann zu sein –, den Aposteln das Wunder zu künden. Eine vorzügliche Ehre, sagt der »Sermon«, die »das sehr gütige Wohlwollen des Herrn gegenüber dem weiblichen Geschlecht« erstrahlen läßt. Durch Eva, eine Frau, ist der Tod in diese Welt gekommen. Und eine andere Frau, Maria, Mutter Gottes, hat das Tor zum Paradies wieder geöffnet. Doch zwischen diesen beiden, gleichsam auf halber Strecke, treffen wir auf eine, die erreichbar ist, nachahmbar, eine Sünderin wie alle Frauen: Magdalena. Reich, mildtätig, nahrungspendend, ist sie von Gott erwählt worden, seinen Sieg über den Tod zu verkünden. Dank ihrer wurde durch den Willen Gottes »das weibliche Geschlecht der auf ihm lastenden Schande enthoben«.

Das Denken der Gelehrten dieser Zeit bewegte sich in Sprüngen, von Wort zu Wort, von Bild zu Bild. In der Frauengestalt, die uns vermittelt wird, spiegeln sich selbstverständlich andere Gestalten, die der Mönchsgemeinschaft, die der Kircheninstitution schlechthin, und anhand dieser Spiegelungen entfaltet die Homilie ihren Lehrinhalt. An erster Stelle hebt sie eine Gebärde hervor, die beredter ist als jedes Wort: die Sünderin zu Jesu Füßen im Haus des Pharisäers hat den Mund nicht aufgetan, aber sie liegt auf Knien. Der Kniefall, diese Demutshaltung der Selbstauslieferung und ehrerbietigen Liebe, stand damals im Mittelpunkt der Übergangsriten, die eine grundlegende Veränderung, den Wandel einer Existenz anzeigten. So beim Heiratsritual: die Braut kniete vor ihrem Gemahl, vor dem Mann nieder, den sie künftig ihren Herrn nennen würde. So auch beim Ritual der Huldigung: der Vasall fiel vor dem auf die Knie, der ihn als seinen Mann empfing. So schließlich beim Ablegen des Klostergelübdes, wie es die kluniazensischen Ritualbücher beschreiben. Diese Geste verpflichtete zum Gehorsam, zum Dienen. Wie die Jungvermählte, wie der neue Vasall, wie der Mönch am Ende seines Noviziats änderte Magdalena ihr Leben, erfuhr sie eine regelrechte Wiedergeburt. Indem sie niederkniete, drückte sie ihren Willen aus, »nicht nur im Geiste, sondern leibhaftig« in den Dienst eines Herrn zu treten, von dem sie ihrerseits ganz angenommen wurde, aufgenommen in sein Haus, seine *familia*, in die Schar seiner Diener, seiner Schützlinge, all derer, die ihm Gehorsam schuldig waren und die er dank seiner Gunst ernährte. Mit dieser Geste forderte Maria Magdalena die Männer, die dem »Sermon« lauschten, auf, sich ganz dem himmlischen Herrn zu ergeben und ihm so wunderbar zu dienen, wie sie es getan hatte.

In diesem Punkt scheint der Text gegen die kritischen

Geister, die Abtrünnigen gerichtet, die, als das Jahr Tausend nahte, aus allen Ecken krochen und wegen Ketzerei verfolgt wurden. Den Beunruhigendsten unter ihnen hielt diese Frauengestalt die Wahrheit der Menschwerdung und der Erlösung entgegen. Ihnen allen zeigte ihr Beispiel, daß es nicht von Übel sein konnte, wenn ein Kloster reich war – denn reich war auch sie, die Maria aus Magdala. Das Wort *Magdala* bedeutet Turm, Burg, es evoziert überragende, hoheitsvolle Konstruktionen, sorgfältig aus schön behauenen Steinen errichtet, ähnlich den Eingangstürmen, deren Bau in Saint-Benoît-sur-Loire oder auch in Saint-Germain-des-Près um diese Zeit beschlossen wurde. Magdalena hatte mit ihren Gaben Männer unterstützt, die nichts besaßen: Jesus und seine Jünger. Verschwenderisch hatte sie mit offenen Händen gegeben, das überaus kostbare Öl vor den Augen des wütenden Judas verschwendet. Die Ketzer sind Judasse, wenn sie die schöne Kirchenpracht verdammen. Nardenöl vergießen – das heißt, es muß gebaut, geschmückt, aller Eifer darein gesetzt werden, die Christenheit mit einem weißen Kleid neuer Basiliken zu überziehen. Die damaligen Mönche fühlten sich gehalten, die gleiche Gastfreundschaft zu zeigen wie Martha und Maria im Hause ihres Bruder Lazarus, »die Edlen und die Mächtigen in der Würde weltlichen Gepränges« zu empfangen.

Wie die Duftströme schließlich, die sich vom Tisch der Mahlzeit aus in Simons ganzem Haus verbreiteten, sollen die Ansprüche der Unterwerfung, Dienstbarkeit und Liebe vom Kloster auf die ganze Kirche übergreifen. Wenn die Mönche dem Beispiel der Freundin Jesu folgen, werden sie ihrerseits dem Weltklerus ein Vorbild sein, den Mitgliedern der offiziellen Kirche: denn diese Kirche hat sich schuldig gemacht, auch sie sollte niederkniend sich bekehren, feierlich dem alten, unreinen Leben entsagen. Geschrieben zur Verehrung der Maria Magdalena, rief der »Sermon« zur allgemeinen Kirchenreform auf. An der Schwelle des 11. Jahrhunderts war diese Reform schon in Gang. Auf Drängen des Papstes wurde sie beschleunigt. Die Gestalt der Maria Magdalena bot sich ihr geradezu als Sinnbild an. Als die Reformatoren zwei Kollegiatkapitel einsetzten, die dem Weltklerus ein Beispiel des geregelten und reinen Lebens geben sollten – das eine 1023 in Verdun, das andere 1048 in Besançon –, unterstellten sie sie beide dem Schutz der Magdalena. Um diese Zeit verbreitete sich das Gerücht, ihr Leichnam ruhe im nahe gelegenen Vézelay.

Bei ihrer Gründung um 860 freilich hatte Girart de Roussillon die dortige Abtei nur Christus, der heiligen Jungfrau und dem heiligen Petrus geweiht. Nichts weist darauf hin, daß die Mönche von Vézelay bis dahin je behauptet hätten, auch nur den geringsten Teil der Überreste Magdalenas zu besitzen. Und plötzlich behauptet ein zwischen 1037 und 1043 geschriebener Text allen Verleumdern zum Trotz, daß die Gebeine da sind, daß zahlreiche Erscheinungen und Wunder auf dem Grab es eindeutig beweisen, daß schließlich die heilsuchenden Pilger schon aus ganz Gallien herbeiströmen. Ohne jeden Zweifel wurden die Reliquien also im zweiten Viertel des

11. Jahrhunderts »aufgebracht«, wie man damals sagte, das heißt, sie wurden entdeckt.

Alle Zeitgenossen waren überzeugt, daß die Heiligen in dem, was von ihrem Leichnam überdauerte, mächtig und auf Erden gegenwärtig blieben. Jeder hielt diese Überreste für die wirksamsten Mittler der so dringend notwendigen Verbindung zwischen den Lebenden und dem im Himmel thronend zu Gericht sitzenden Allmächtigen. Gerade in dieser Zeit wurden solche Gebeine überall ans Licht gebracht. Der Chronist Radulf Glaber, ein Mann mit wachem Verstand, der damals in Burgund schrieb, prangert zwar die Hersteller falscher Reliquien an, aber als Ausnahmen: insgesamt feiert auch er diese segensreiche Blüte als überzeugenden Ausdruck der großmütigen Gnade Gottes, der sich endlich, nach den Kalamitäten des Tausendsten Jahres der Passion, mit seinem Volk versöhnt hat. Gleichzeitig – und das war neu – wandte sich die Aufmerksamkeit der Kirchenführer langsam, aber entschieden, den Texten des Neuen Testaments zu. Gewiß ermutigten sie weiterhin zur Verehrung der Lokalheiligen, der Märtyrer von Rom, der ersten Evangelisten und jener Patrone, die einst bei den heiligen Quellen die Schutzgeister vorchristlicher Zeiten ersetzt hatten. Aber sie lenkten die Frömmigkeit der Gläubigen jetzt verstärkt auf den Personenkreis, der die Evangelien und die Apostelgeschichte bevölkert. Von den Gebeinen dieser Heiligen freilich besaß die lateinische Christenheit so gut wie nichts. Eben dieser Mangel in Verbindung mit dem neuen Anliegen, über diejenigen, die Jesus nachgefolgt waren, die ihn gesehen und gehört hatten, eine, wenn ich so sagen darf, leibhaftige Verbindung zu den apostolischen Zeiten herzustellen, machte den Erfolg der Wallfahrtsziele Rom und Santiago de Compostela aus: neben dem heiligen Petrus war der heilige Jakobus der einzige der zwölf Apostel, der im Westen Europas begraben lag. Zugleich regte dieser Mangel die Gelehrten an, den einen oder anderen Heiligen, dessen Überreste sich seit Jahrhunderten in den Reliquienschreinen Galliens befanden, näher an die Person Christi heranzurücken: etwa auf Biegen und Brechen zu beweisen, daß Martial von Limoges, der Schutzpatron von Aquitanien, wenn schon kein Apostel, so doch wenigstens einer der ersten Jünger gewesen sei; oder daß der Dionysius von Montmartre, fälschlich mit Dionysios Areopagites identifiziert, die Lehre des heiligen Paulus unmittelbar empfangen habe. Verständlich also, daß die Fürsten die Aufbringung des Haupts von Johannes dem Täufer in Saint-Jean-d'Angély als großzügige Gabe des Himmels feierten. Verständlich auch, daß zur gleichen Zeit die Reliquien der Maria Magdalena in Vézelay und, Zug um Zug, die ihres Bruders Lazarus in Autun aufgebracht wurden.

Der Fund von Vézelay war in erster Linie eine Folge der dortigen Klosterreform. 1037 wurde ein neuer Abt gewählt, Gottfried. In Anlehnung an die Regeln von Cluny wollte er sogleich Ordnung in das sittlich verkommene alte Kloster bringen. Damit die Restauration Bestand haben konnte, mußte die Abtei in neuem Glanz erstrahlen: man sollte sie bewundern, ihr jene Dankbarkeit entgegenbringen, die den Strom der Almosen auslöst. Infolgedessen brauchte sie vorzügliche und wirksame Reliquien. Also ließ Gottfried mit verwaltungstechnischem Geschick einen Text – denselben, von dem ich weiter oben sprach – über die Wundertaten der heiligen Maria Magdalena verfassen, um die Wallfahrtsstätte zu lancieren: die Reliquien brachte er selber auf. Aber warum hat Gottfried, obwohl nichts darauf hinweist, daß Maria Magdalena in Cluny, das er sich zum Vorbild nahm und das sein Reformwerk unterstützte, besonders verehrt worden wäre – warum hat Gottfried einen der mit kaum noch sichtbaren Epitaphen versehenen Sarkophage in den Gewölben seiner Abtei als den ausgerechnet dieser Heiligen und nicht irgendeines anderen berühmten Wundertäters erkannt? Vielleicht, weil der Ruf, den die Dienerin des Herrn genoß, im Abendland gerade auflebte, aber vor allem, weil sie regional die Patronin der allgemeinen Reform geworden war. Gottfried war in der Tat, und darum hatte man ihn designiert, ein leidenschaftlicher Reformer, einer der Schrittmacher des Gottesfriedens in Burgund. 1049, im selben Jahr, in dem die beiden *La Madeleine* getauften Kirchen, die eine zu Verdun, die andere zu Besançon, von Papst Leo IX. geweiht wurden, sieht man Gottfried in Reims an der Seite eben dieses Pontifex bei einem Konzil, dessen Sinn und Zweck darin bestand, die Sünden, insbesondere die fleischlichen Sünden derer zu ahnden, die den Gipfel des sozialen Gebäudes repräsentierten, indem unzüchtige Prälaten ihres Amtes enthoben und in Blutschande oder Bigamie lebende Fürsten verurteilt wurden. Ein Jahr später reist Gottfried nach Rom zu einer ähnlichen Versammlung, und in der Bulle, die ihm am 27. April zugunsten seines Kloster ausgestellt wird, finden wir die gewohnte Formel dahingehend abgeändert, daß Vézelay zwar immer noch Christus, immer noch der Jungfrau, immer noch den Heiligen Petrus und Paulus, aber nunmehr auch der heiligen Maria Magdalena geweiht ist. Es dauert noch einmal acht Jahre, bis eine neue Bulle feierlich bestätigt, daß Maria Magdalena tatsächlich in Vézelay »ruht«. In dem Privileg schließlich, das Papst Paschalis II. diesem Kloster im Jahr 1108 gewährt, kommen die alten Patrone gar nicht mehr vor: nur noch Magdalena wird genannt. Die Wallfahrt nach Vézelay ist mittlerweile von strahlendem Erfolg gekrönt: sie hat, wie die Historiker gern sagen, in der ganzen lateinischen Christenheit für eine »Explosion« des Magdalenenkults gesorgt.

Um diesen Kult würdig zu feiern, bedurfte es einer Zusammenstellung von »Legenden« im ursprünglichen Sinne des Wortes, das heißt von Texten, die zur Lesung während der Messen bestimmt waren. Dem Sermon, dessen Grundzüge ich analysiert habe, gesellten sich drei Erzählungen hinzu. Sie ergänzten den Bericht des Evangeliums um die Antwort auf zwei Fragen: Was war in der Zeit zwischen der Erscheinung des auferstandenen Christus und ihrem eigenen Tod aus Maria Magdalena geworden? Und – eine Frage, die viele sich stellten, wie die Sammlung der Wundertaten einräumt: »Wie konnte es geschehen, daß der Leib der Seligen, deren Heimat in Judäa war, von einer so fernen Gegend nach Gallien gekommen war?« Zur Aufklärung des ersten Problems, das schon die Pilger von Ephesus beschäftigt hatte, war im Orient ein Bericht, das sogenannte »Einsiedlerleben«, entstanden, inspiriert von der Biographie einer reumütigen Prostituierten, die ebenfalls Maria hieß, Maria von Ägypten: eine jener von glühender Hitze verzehrten, schwarzversengten, nur mit den Haaren ihres Körpers bedeckten Frauen, die sich die Eremiten von Thebais – als weibliches Pendant ihrer selbst – dem reinigenden Fegefeuer der Wüste anheimgegeben vorstellten. Hier nun der Bericht, wie er erst den Eremiten Süditaliens bekannt geworden und von dort schon im 8. Jahrhundert auf die englischen Klöster überkommen war: »Nach der Himmelfahrt des Erlösers« wollte Magdalena, »ergriffen von brennender Liebe zum Herrn und aus Kummer ob seines Todes, nie wieder einen Mann noch sonst ein menschliches Geschöpf mit eigenen Augen sehen«; »dreißig Jahre lang zog sie sich in die Wüste zurück, von niemandem erkannt und ohne irdische Nahrung zu essen oder zu trinken. Zu jeder Gebetsstunde kamen die Engel des Herrn vom Himmel herab und entführten sie in die Lüfte, auf daß sie in ihrer Gemeinschaft betete.« Eines Tages sah ein Priester schwebende Engel über einer geschlossenen Höhle. Er trat näher heran, rief mit lauter Stimme. Ohne sich zu zeigen, gab Magdalena sich zu erkennen und erklärte ihm das Wunder. Sie bat ihn, ihr Kleider zu bringen, denn »sie wollte nicht nackt unter die Menschen gehen«. Er tat es, kehrte zurück und führte sie in eine Kirche, wo er die Messe zelebrierte. Sie empfing den Leib und das Blut Jesu Christi und verschied. »Dank ihrer heiligen Verdienste«, schließt der Bericht, »geschahen große Wunder in der Nähe ihres Grabes.«

In derselben Zeit, in der Gottfried mit allen Mitteln

glaubhaft zu machen suchte, daß sich dieses Grab in der Abtei befand, deren Führung er übernommen hatte, kursierte noch eine andere Version der Lebensgeschichte Maria Magdalenas, von den Historikern ihr »apostolisches Leben« genannt. Darin wurde behauptet, nach Pfingsten sei Magdalena in Begleitung des heiligen Maximinus, eines der zweiundsiebzig Jünger, über das Meer nach Marseille gekommen, wo sie, beide predigend, die Gegend um Aix-en-Provence evangelisiert hätten. Als Maria Magdalena starb, heißt es weiter, habe Maximinus ihr ein schönes Begräbnis bereitet und ihren Leib in einen marmornen Sarkophag gelegt, an dessen Ende die Szene des Gastmahls in Simons Haus dargestellt gewesen sei. Nun war es möglich, diese zweite Legende mit der ersten zu verknüpfen, wenn man nur Magdalenas einsamen Wüstenaufenthalt nach Sainte-Baume, in die Berge der Provence verlegte. Die burgundischen Mönche aber nahmen Anstoß an dieser Version, der zufolge sich das Grab bei Aix befinden mußte, wo der Magdalenenkult in der Tat schon vor Anfang des 12. Jahrhunderts bezeugt war, ja wo sich vielleicht schon eine konkurrierende Pilgerbewegung entwickelte. Um die zum Schweigen zu bringen, die Vézelay nicht als den wahren Hort der Reliquien anerkennen wollten, fabrizierten sie eine dritte Legende, die erzählte, ein Mönch habe die Gebeine vor dreihundert Jahren auf Geheiß des Grafen Girart de Roussillon und des ersten Abtes von Vézelay aus der von den Sarazenen verheerten Provence geholt.

Mit Hilfe dieser Zusatzlegenden konnte das Werk der Reformatoren besser gestützt werden. Das Beispiel der

Heiligen in der Wüste ermutigte vor allem den Weltklerus, den es jetzt zu reinigen galt, sich vermehrt von allem Irdischen abzuwenden, es Magdalena gleichzutun und den fleischlichen Körper zu vergessen, um in der Haltung liebender Beschaulichkeit dem Chor der Engel beizutreten und den Lehrauftrag der Kirche besser zu erfüllen. Ein Detail des zweiten Berichts wies übrigens mit Nachdruck auf die notwendige Läuterung hin: kein König und kein Fürst durfte die von Maximinus über dem Mausoleum errichtete Basilika betreten, wenn er nicht draußen vor der Tür seinen Harnisch niedergelegt und seinen Kriegsgelüsten abgeschworen hatte. Was die Frauen betrifft, so blieb ihnen der Zutritt gänzlich untersagt – ein Ausschluß, der es, nebenbei bemerkt, von vornherein unmöglich macht, auch nur zu vermuten, der Aufschwung des Magdalenenkults hätte irgend etwas mit einer verbesserten Stellung der Frau zu tun. Weder Waffen also, das heißt Blutvergießen, noch Frauen, das heißt sexuelle Ausschweifung: die beiden schlimmsten Übel, gegen die Papst Leo IX. und Gottfried, der Abt von Vézelay, mit ihren Freunden zu Felde zogen; die Hauptbeschmutzungen, von denen sie die Großen dieser Welt, ob Kirchenmänner oder Laien, zu befreien trachteten, indem sie den Gottesfrieden predigten, den Inzest und die Bigamie verboten. Aber ebensowenig wie der Sermon aus dem 10. beziehungsweise 11. Jahrhundert beharren diese drei Legenden auf der Sünde und den sündentilgenden Werken der Buße. Sie sagen nicht, Maria Magdalena hätte die Einöde gesucht, um ihre Missetaten zu beweinen und sich zu kasteien. Ihrer Darstellung nach haben die innige

Zuneigung und das Herzeleid die Heilige getrieben, sich ganz der glühenden Erinnerung an den verlorenen Geliebten hinzugeben. Auch sie stellen die Liebe, die brennende, verzückte Liebe in den Vordergrund.

Einige Jahrzehnte später, zu Beginn des 12. Jahrhunderts, werden im Sermon eines anderen Gottfried – der, ebenfalls Abt, dem großen Kloster La Trinité in Vendôme vorstand und diesen Text zur Belehrung der ihm unterstellten Mönche schrieb – ganz andere Züge hervorgehoben. Hier die Punkte, die mir am Inhalt dieser Homilie aufgefallen sind:

– Sie stützt sich fast ausschließlich auf die im Lukasevangelium beschriebene Szene der Mahlzeit bei dem Pharisäer.

– In einem sehr aktuellen und lebhaften Streit Partei ergreifend, verdammt Gottfried den Pharisäer, der die Sünderin vertreiben wollte: »Ein gnadenloser Mann«, sagt er, »der die Frauen verachtete, der sie für heillos hielt und nicht hinnehmen wollte, von ihnen berührt zu werden.«

– Magdalena, schreibt Gottfried von Vendôme, war zuerst »eine berüchtigte Sünderin, dann eine glorreiche Predigerin«. Eng am Text ihres sogenannten apostolischen Lebens orientiert, zeigt er sie »unablässig den wahren Gott, unseren Herrn Jesus Christus, predigend und die Wahrheit seiner Auferstehung bezeugend«. Nicht ohne allerdings zu präzisieren, daß die Heilige Zeugnis »eher durch Tränen denn durch Worte« ablegte.

– Der wichtigste Punkt schließlich ist der, daß die Frau, die Gottfried als Beispiel anführt, vor allem die von sieben Geistern, also von sämtlichen Lastern besessene Magdalena ist. Eine Sünderin – das Wort kehrt in diesem kurzen Text vierzehnmal wieder –, *peccatrix*, aber auch *accusatrix*, ihrer Schuld bewußt und einsichtig, auf Knien zu Füßen des Herrn. Gewiß, ihr wurde vergeben, doch nach Gottfrieds Darstellung nicht wegen ihrer überschwenglichen Liebe, die er kaum erwähnt, sondern wegen ihrer großen Furcht und wegen ihrer Hoffnung. Im übrigen findet Maria Magdalena, sich selbst überlassen, unterworfen, wie es sich für eine Frau gehört, volle Erlösung erst, nachdem sie Buße getan hat. Gottfried, der ihr Eremitenleben auf seine Weise interpretiert, behauptet, nach Jesu Himmelfahrt sei sie erbittert gegen ihren eigenen Leib vorgegangen, habe ihn durch Fasten, Wachen und ununterbrochenes Beten gezüchtigt. Dank dieser freiwillig geübten Gewalt wurde Maria Magdalena, das »Opfer«, ein »hart gestraftes Opfer«, als »Himmelspförtnerin« an die Schwelle des Heils erhoben. *Hostia, ostiaria* – lateinische Wörter, die ein Echo bilden: durch das Spiel mit solchen Assonanzen trieben die Gelehrten dieser Zeit, ich sagte es bereits, ihre Deduktionen schrittweise voran.

Bemerkenswert ist allerdings, daß Gottfried von Vendôme dieselbe Allegorie der Pförtnerin noch in zwei anderen Schriften gebraucht – einem Sermon und einem Brief an den Bischof von Le Mans, Hildebert von Lavardin –, in denen wiederum der *sexus femineus* die Rolle des Türhüters erfüllt. Aber die Pforte, die hier aufgestoßen wird, ist das Höllentor des Sündenfalls. Die Frau, alle Frauen –

sei es die Magd im Haus des Hohenpriesters, der gegenüber Petrus seinen Herrn verleugnete, oder Eva im Paradies, die Adam zum Ungehorsam trieb – sind Werkzeuge des Teufels. Sie bringen die Verdammnis in die Welt. Durch und durch beschmutzt, wie sie es alle sind, mußte Maria Magdalena, um zur Hoffnung aller Sünder zu werden, um von ihrem Platz am Höllentor zur Himmelspforte aufzusteigen, die weiblichen Anteile ihres Wesens gänzlich zerstören, in Selbstkasteiung abtöten: genau dieser Punkt zeigt die Wende an.

Zur Erklärung der neuen Marschrichtung, um zu verstehen, warum die Dinge so anders beleuchtet werden, daß an die Stelle des Bildes einer reichen, mächtigen Frau, die sich in maßloser Leidenschaft sklavisch dem Geliebten unterwirft, die sich vor Kummer verzehrt, als sie ihn entschwunden glaubt, und die schließlich durch die Lande zieht, um seinen Sieg über den Tod allenthalben zu verkünden, das Bild eines ursprünglich verdorbenen, von schlechtem Gewissen geplagten Weibes tritt, das seinen fleischlichen Körper mißhandelt – um das zu verstehen, muß man bedenken, was sich zwischen 1075 und 1125 in der lateinischen Christenheit zugetragen hat: das umwälzende Ereignis, das die erfolgreich vorangetriebene Kirchenreform bedeutete. Die Tatsache, daß auf die monastische Erneuerung eine Reinigung des Weltklerus folgte, die den Priestern die Moral der Mönche auferlegte, hatte eine Aufteilung der Männer – nur der Männer, wohlgemerkt – in zwei Kategorien zur Konsequenz. Hier die einen, denen der Verkehr mit Frauen rigoros verboten war; dort die anderen, die eine Frau haben mußten – aber auch nur eine einzige, rechtmäßige Ehefrau –, und die darum, zwangsläufig beschmutzt, in der Hierarchie der Verdienste tiefer standen als die ersten, die Geschlechtslosen, deren Macht sie infolgedessen unterworfen waren. Diese Segregation wirkt in der westeuropäischen Kultur bis heute nach; auf Jahrhunderte hat sie den Gedanken, daß die Quelle allen Übels in erster Linie die Sexualität ist, ins Unterbewußtsein der Menschen gegraben. Hier angelangt, stieß die Reformbewegung um das Jahr 1100 auf ein schwieriges Hindernis: die Frau. Sie war der Stein des Anstoßes.

Denn die Männer, die unter der Führung des Papstes das Werk der Säuberung vorantrieben, die Bischöfe, die guten Bischöfe, die nach der Amtsenthebung ihrer reuelos verderbten Vorgänger eingesetzt worden waren, hatten oft selbst – wie Gottfrieds Freund Hildebert von Lavardin – der Unzucht gefrönt, ehe sie zur Vernunft gekommen waren. Sie kannten die brennenden »wollüstigen Begierden«, die es zu löschen galt. Sie hatten sich mühsam selbst reformieren müssen. Es fiel ihnen schwer, ihre Sündhaftigkeit ganz abzulegen, und vielleicht spukte ihnen die Erinnerung an die *meretriculae tabernae*, die »Bardamen« ihrer Jugend, noch so manches Mal im Kopf herum. Instinktiv neigten sie dazu, Frauen für Prostituierte zu halten, ob real oder virtuell. Daher unter der Feder der großen Gelehrten des Loiretals – Jacques Delarun hat ihre Schriften vortrefflich analysiert – die zwanghaften Metaphern, sobald von Frauen die Rede ist: ein alles verschlingender Bauch, eine Chimära, ein Monster. Ihre eigene Sündhaftigkeit bestand in den unbesiegten Anteilen von Weiblichkeit, das heißt von Sinnlichkeit, die sie noch in sich spürten.

Andererseits waren diese Prälaten in ihrer Hirtenfunktion laufend mit den Problemen konfrontiert, die die Frauen konkret darstellten. In den rasch expandierenden, von entwurzelten Zuwanderern überschwemmten Städten blühte die Prostitution. Vor allem gab es scharenweise unbemannte Frauen, die durch die Reform selbst auf der Straße gelandet waren, Ehefrauen, von denen der Gemahl sich hatte trennen müssen, weil er Priester war, oder aber, im Fall der Laien, weil man ihn der Bigamie, der Blutschande bezichtigte. Mitleiderregende Geschöpfe – aber auch beunruhigend, da sie die Männer zu verderben drohten, zum Straucheln bringen konnten. Welchen Platz sollte man ihnen im Reformprojekt einer vollkommenen Gesellschaft einräumen? Viele – unter ihnen Gottfried von Vendôme, wie seine Beurteilung des Pharisäers zeigt – waren überzeugt, daß man sich um ihre Seelen kümmern, daß man sie zulassen mußte, wie die Kreise der Häretiker es taten, und darum, gefährlich, aber unumgänglich, eine geeignete, allein für sie bestimmte Art der geistlichen Betreuung brauchte. Wie weit durfte man gehen? War es nicht zuviel gewagt, als Robert von Arbrissel sie in seine Schar aufnahm und sie wie Jesus fortan im Gefolge hatte? Als er sie im Doppelkloster Fontevraud an die Spitze setzte, in herrschender Position gegenüber den Mönchen, die er zu der Erniedrigung verpflichtete, einer Äbtissin zu dienen, sich diese Demütigung aufzuerlegen, um die Liebe Christi, ihres Bräutigams, zu gewinnen, wie der Ritter, der höflich einer Dame diente, die Liebe des Gemahls, seines Herrn, zu gewinnen hoffte? Und Abaelard, ging nicht auch er schon zu weit, als er die Nonnen des Paraklet-Klosters wissen ließ, die Gebete einer Frau seien ebensoviel wert wie die eines Mannes? Abaelard, den Bernhard von Clairvaux tadelte, indem er ihm vorwarf, er »rede zuviel mit den Frauen«? Zahllose Flüche gegen diejenigen unter den Kirchenmännern, die sich den Weibern so sehr näherten, daß man annehmen mußte, sie würden über kurz oder lang unweigerlich der Sünde verfallen, bezeugen das Ausmaß des Unbehagens, die starke Zurückhaltung, die zwanghafte Angst vor sexueller Beschmutzung. Wie viele Prälaten hielten es nicht immer noch für gut, die Frauen vom Göttlichen fernzuhalten, ihnen das Betreten gewisser Heiligtümer zu verwehren? In Menat in der Auvergne beispielsweise, wo Robert von Arbrissel ihnen schließlich Zutritt zur Abteikirche verschaffte, indem er unablässig und aus Leibeskräften wiederholte, wenn die Frauen wie die Männer am Leib Christi teilhätten, müßten sie auch wie die Männer in sein Haus gelassen werden? Oder in der Provence, wo ihnen das Mausoleum der heiligen Magdalena verboten war?

Alle Kirchenführer jedenfalls stimmten darin überein, daß die Frau gehindert werden muß, zu schaden; daß ihr ein Rahmen gesteckt werden muß: der eheliche Rahmen. Die vollkommene Frau – und in dieser Hinsicht war Magdalenas Haltung exemplarisch – ist in der Tat diejenige, die alles von ihrem Herrn erwartet, die ihn zärtlich liebt, ihn aber vor allem fürchtet. Und die ihm dient. Diejenige schließlich, die weint, statt zu reden, die gehorcht, die vor ihrem Mann auf den Knien liegt. Darum muß das Mädchen schon in der Pubertät Ehefrau werden, Gemahlin eines Herrn, der sie in Zaum hält. Oder Christi Braut, hinter den Mauern eines Klosters. Sonst hat sie beste Aussichten, als Hure zu enden. Eine Zweiteilung wie bei den Männern, ebenfalls nach dem Kriterium der Sexualität: *uxores – meretrices*. Matronen oder aber Straßenmädchen. Das ist der Grund, warum die guten Bischöfe wie Hildebert von Lavardin oder Marbode von Rennes in dieser Zeit beschlossen, das Leben der reumütigen Prostituierten umzuschreiben, sie in ihrer unheilvollen Verführungskraft so vollauf, so vollkommen gezüchtigt erscheinen zu lassen, daß sie Heilige werden konnten, als solche gefeiert, weil sie sich freiwillig der körperlichen Selbstverheerung unterzogen hatten – wie Maria von Ägypten, wie Thais. Und um von der Todsünde abzulenken, stellten diese Prälaten die Frau unter den Zügen dar, die sie als die furchterregendsten empfanden: als Verführerin, über und über mit Schmuck bedeckt, die sich den Männern aufdrängt, sie zu dem einlädt, was an der körperlichen Vereinigung am niedrigsten und am gemeinsten ist. Auf diese Weise wollten sie beweisen, daß die Seele, sosehr sie auch mit Wollust besudelt sein mag, durch körperliche Züchtigung wieder vollständig gereinigt werden kann. Das ist der Grund, warum diese Zeit neue Büßerinnen hervorbrachte, Klausnerinnen, die sich nicht wie Thais in der Wüste, sondern mitten in den Städten niederließen, in Zellen eingemauert, um von dort aus Zeugnis abzulegen, zu lehren und zu predigen. Zu predigen – aber ohne Worte, allein durch die Zerrüttung ihres Körpers.

Das ist der Grund, warum Maria Magdalena bei Gottfried von Vendôme so große Ähnlichkeit mit Maria von Ägypten hat. Das ist der Grund, warum die Sünder sie anflehten, ihre Tränen in den Tränenstrom der Heiligen ergießend, warum sie so zahlreich den Hügel von Vézelay erklommen, wissend, wie es der *Guide* von Compostela ihnen sagte, daß der Herr ihnen ihre Sünden um Magdalenas willen erlassen würde: eine erhörte Mittlerin, weil unerbittliche Büßerin.

In der Tat stellte die Kirche an der Schwelle des 12. Jahrhunderts ein neues Werkzeug bereit, das ihrer Obrigkeit erlauben sollte, die sittliche Reform zu vertiefen und alle Gläubigen zu zwingen, sich an ihre Vorschriften zu halten: das Bußsakrament. Der Ritus verlangte nicht nur Reue und Bekenntnis, sondern auch – in Anlehnung an die Praktiken der öffentlichen Gerichtsbarkeit und die seit Jahrhunderten übliche Klosterzucht, die nun auf die ganze Gesellschaft übertragen wurde – eine Tilgung der Sündenschuld. Der Schuldige mußte dem Richter »Bußgeld« bezahlen, ihm »Genugtuung« leisten, indem er sich einer Züchtigung unterzog. So setzte sich allmählich der Gedanke einer Bemessung, einer Abstufung der erlösenden Strafen durch, und damit auch die Vorstellung von einem Ort, einer zeitlichen Frist der Läuterung, und einer Buchführung durch die Verwalter des Heiligen, die Priester. Unterdessen trat die Geste des einzig um der Liebe willen Vergebung gewährenden Jesus verblassend in den Hintergrund. Fortan repräsentierte die körperliche Erscheinung Magdalenas, jener Frau, die Jesus leidenschaftlicher geliebt hatte als irgendeine andere, im kollektiven Imaginären vor allem die Sünde und die Buße. Im Lauf des 12. und des 13. Jahrhunderts – während die Berühmtheit der Reliquien von Vézelay ihren Höhepunkt erreichte und dann allmählich abflaute, während die an das Volk gerichtete Predigt anschwoll und die Gestalt der Maria aus Magdala in der Frömmigkeit der neuen Ordensgemeinschaften, ob Franziskaner oder Dominikaner, einen hervorragenden Platz bezog, während die Provence ihren Erfolg als Wallfahrtsziel behauptete – festigten sich diese Züge, erst langsam, dann plötzlich, infolge einer neuen »Aufbringung« der heiligen Reliquien, diesmal in Saint-Maximin, mit großem Nachdruck. Gewiß, für viele blieb Magdalena die »Liebesselige«. Das Vokabular der höfischen Erotik durchdrang die in romanischer Sprache geschriebenen *Heiligenleben*, deren Lehrinhalte von den Predigern verkündet wurden: Magdalena, die »süße Liebende«, heißt es da, fand in Christus, ihrem »wahren Freier«, den sie »sehr glühend« liebte, »Höflichkeit, Milde und große Zärtlichkeit«. Und als Ludwig der Heilige 1254, aus Syrien zurückkehrend, in der Provence landete, war die Stätte, die er in Sainte-Baume aufsuchte, indem er bis zu jenem »hohen Felsgewölbe« stieg, »von dem man sagte, Magdalena habe dort siebzehn Jahre in Eremitage verbracht«, für ihn wohl eher die Stätte mystischer Verzückungen als die der Leibstrafen. Dennoch stand die Sünde, die Sünde des Fleisches, gebüßt durch körperliche Selbstzerstörung, seit Gottfried von Vendôme im Vordergrund. Daß die von Johannes beschriebene Ostermorgenepisode bei der für den 22. Juli vorgesehenen Evangeliumslesung im Lauf des 13. Jahrhunderts nach und nach durch die von Lukas dargestellte Tischszene im Haus des Pharisäers verdrängt wurde, daß somit die Gestalt der ihre Sünden beweinenden Prostituierten über die der in Tränen gebadeten Liebenden obsiegte, liefert den offenkundigen Beweis.

Die Gläubigen, ob sie nun auf Vézelay schauten oder auf Saint-Maximin, sahen in erster Linie Magdalena in Tränen. In einem Tränenstrom, einer Überschwemmung: Magdalena und Maximinus »zerflossen so in Tränen, daß der Boden der Kapelle nicht nur damit benetzt war, sondern ganz naß, und an manchen Stellen das Wasser über die Steine floß«; und »als die Heilige auf dem Totenbett ihren Schöpfer empfing, war sie derart in Tränen aufgelöst, daß aus ihren Augen, zwei Quellen gleich, fließendes Wasser zu sprudeln schien«. Jakob von Vitry läßt in seinen Predigten zum Thema Magdalena keinen Zweifel: diese Tränen sind Tränen der Zerknirschung, dem »Sündenschmerz« entsprungen. Maria Magdalena ist in erster Linie das reumütige Freudenmädchen. Als solche erscheint sie in den *Exempeln*, jenen für die Prediger modellhaft ausgearbeiteten Texten, die während des 13. Jahrhunderts in großer Zahl von den Lehrern der Pariser Schulen verfaßt wurden und die Intentionen des Kirchenapparats hinsichtlich des Bildes, das es von der Heiligen unter das Volk zu bringen galt, deutlich verraten.

Daher waren die Predigten, die sie zum Thema Magdalena schrieben – Nicole Bériou, die sich gut mit diesen Texten auskennt, hat es klar gezeigt –, nie speziell an ein weibliches Publikum gerichtet. Seit Ende des 12. Jahrhunderts gab es immer mehr Frauen, die sich zur Nachfolge Magdalenas entschlossen: büßend und weinend lebten sie abgeschieden von der Welt, auch sie um den Anschein bemüht, sich vom himmlischen Brot der Engel zu ernähren. Es fällt indessen auf, daß die Priester, die ihre Worte aufgriffen und ihr Leben, ihre ruhmvollen Verdienste erzählten, um den Glanz der vollkommen reinen, vollkommen enthaltsamen Matronen im Land der Katharer zu dämpfen, es vorsichtshalber unterließen, den Beginen die Gestalt der Maria aus Magdala entgegenzuhalten: sie konnte kein Vorbild weiblicher Heiligkeit sein. Was den Frauen damals immer wieder gesagt wurde, war, daß sie für ihre guten Werke mehr oder weniger belohnt würden, je nachdem, ob sie zu den Jungfrauen, den Witwen oder zu den Ehefrauen zählten. Magdalena, weder Jungfrau noch Ehefrau noch Witwe, blieb die Marginalität selbst, hochgradig beunruhigend wegen all der Sünden, in deren Bann sich ihre Seele so lange hatte schlagen lassen. *Peccatrix, meretrix*. Nein, wenn die Prediger von Magdalena sprachen, wandten sie sich an die Männer, um sie aus ihrer Trägheit aufzurütteln, ihnen ob ihrer Schwäche Schamröte ins Gesicht zu treiben. Seht her, was eine Frau vermocht hat, wie mutig, wie standhaft sie war! Und ihr? In Wirklichkeit ist die Triebfeder der Ermahnung ein grundsätzlicher Weiberhaß. Magdalena ist in all diesen Homilien eigentlich die Anti-Frau; gleichzeitig aber wegen ihrer Sünde und ihrer körperlichen Reize weiblicher als jede andere.

Diese Reize, diese Waffen, die Satan den Frauen verlieh, damit sie die Männer ins Unheil stürzten, wurden in den exemplarischen Predigten zu den Bibelstellen über Maria Magdalena mit geradezu gefährlicher Offenheit herausgestellt. Einer dieser Texte – zweifellos ein Werk von Stephen Langton – hat die seltsame Form eines Rondeaus, eines jener Tanzlieder, die damals in Paris gesungen wurden und die, so war es Mode, das Los der unglücklich vermählten Braut beklagten. Hier trägt die Braut den Namen Magdalena, vermählt mit den Dämonen der sieben Todsünden, die sich ihrer der Reihe nach bemächtigen, einer schlimmer als der andere. Der letzte ist natürlich der Teufel der Wollust, und die Frau, die er in seiner Gewalt hat und mißbraucht, eine Prostituierte. Eine Verführerin. Betörend aufgemacht. Von der gleichen Sorte wie »manche Weiber unserer Zeit«, die ein anderer Prediger beschreibt, Wilhelm von Auvergne: Frauen, die ihren Körper stolz »von Kopf bis Fuß« herausputzen und alle Kunstgriffe darauf verwenden, die nicht nur Schminke und Parfüms einsetzen, sondern auch »lasziven Schmuck, ganz dazu angetan, Männer, die des Weges kommen, in Versuchung zu führen«. Frauen, die sich insbesondere, das sagen alle Predigten, ihres langen, ohne Schleier getragenen Haars bedienen – »das teuerste, was die Frauen haben«, behauptet Odo von Châteauroux.

Aufgelöstes Haar, duftendes Parfüm – beides Attribute, die sich in der Vorstellung der Ritterschaft eng mit den Bettfreuden verbanden. Solche Bilder, Fallen der Sinnlichkeit, schürten im Geist der Zuhörer jene Phantasien, die bei der Lektüre des Einsiedlerlebens der heiligen

Maria Magdalena ohnehin wachgerufen wurden: die Zärtlichkeiten eines weiblichen Körpers, nackt zwischen rauhen Felsen, die Ahnung lockenden Fleisches unter der Pracht des herabfallenden Haars, der gemarterte und doch strahlende Leib. Verführerisch. Seit Ende des 13. Jahrhunderts haben Maler und Bildhauer ihre Kunst darauf verwendet, Magdalena diesen doppeldeutigen, verwirrenden Ausdruck zu verleihen. Über alle Epochen hinweg, und selbst die nüchternsten von ihnen, selbst Georges de La Tour. Bis hin zu Cézanne.

HÉLOÏSE

HÉLOÏSE

Von allen Damen, die im Frankreich des 12. Jahrhunderts lebten, ist Héloïse wohl diejenige, deren Spuren sich in unserer Erinnerung am wenigsten verflüchtigt haben. Was wissen wir über sie? In Wirklichkeit nicht viel. Pedantische Nachforschungen in den Quellen der Archive haben ergeben, daß sie dem Hochadel der Île-de-France entstammt. Von seiten des Vaters eine Nachkommin der Montmorency und der Grafen von Beaumont, in mütterlicher Linie aus dem Geschlecht der Vizedom von Chartres, gehörte sie – wie Abaelard übrigens auch – einem der beiden Clans an, die sich im Umkreis Ludwigs VI. zu Beginn des 12. Jahrhunderts um die Macht stritten. 1129 entdecken wir Héloïse als Priorin der Frauenabtei von Argenteuil: eine wichtige Position, die sie ihrer Geburt verdankte. 1129 wurde das Kloster gerade aufgelöst. Héloïse führte eine Gruppe der vertriebenen Nonnen in die Champagne, in die Nähe der Einsiedelei, die Abaelard – vom Heiligen Geist, dem Paraklet, dem Tröster, zu diesem Werk berufen – daselbst gegründet hatte. Sie wurde Äbtissin des neuen, nach dem Paraklet benannten Klosters. Abaelard, voller Fürsorge, schrieb für die Nonnen Hymnen und Andachten, von denen eine, der heiligen Susanna gewidmet, ein Lob der Keuschheit ist. Erhalten sind uns auch die zweiundvierzig Fragen, die Héloïse

Abaelard mit der Bitte um Lösung unterbreitete. In der letzten – der einzigen, die sich nicht auf Schwierigkeiten mit den Texten der Heiligen Schrift bezieht – fragt sie, »ob ein Mensch sündig werden kann, wenn er vollbringt, was Gott gebilligt und sogar befohlen hat«. Abealard antwortet mit einer kleinen Abhandlung über die Ehe, die eheliche Moral und die Notwendigkeit, die Begierde und die Lust zu unterdrücken.

Das Aufschlußreichste, das Zuverlässigste auch, was wir über diese Frau erfahren, steht in einem Brief aus dem Jahr 1142. Drei Personen werden evoziert: Héloïse, eine Frau von über vierzig Jahren, die nach den Kriterien der damaligen Zeit bereits zur Kategorie der Alten zählt, und zwei Männer. Beide heißen Petrus. Der eine, Petrus Venerabilis, Abt von Cluny, steht an der Spitze einer mächtigen Kongregation, die Niederlassungen in ganz Europa hat und den hochwürdigsten Inbegriff der Monarchie darstellt: ein geachteter Mann, der verehrt wird und dessen moralische Autorität sich mit der des Papstes messen kann, ja diese vielleicht noch übertrifft. Der andere ist Petrus Abaelardus, »Meister Abaelard«, der kühnste Lehrer seiner Zeit: mit dreiundsechzig Jahren ist er gerade in einem der Klöster von Cluny, wo Petrus Venerabilis ihm Zuflucht gewährt hatte, gestorben.

Der Brief ist an Héloïse gerichtet. Der Abt von Cluny hat ihn verfaßt. Er ist ein Schriftsteller, der großen Ruhm genießt, der es liebt, mit den Wörtern, den Sätzen zu spielen. Er brilliert in dieser Kunst. Er setzt sein ganzes Geschick, sein ganzes vollkommenes Wissen um die Regeln der Rhetorik darein, diese Epistel zu polieren: ein Trostbrief von der Art, wie sie in den Klöstern des 12. Jahrhunderts viel geschrieben wurden. Durch solche Mitteilungen von Kloster zu Kloster, durch solche lange abgewogenen, im Ausdruck geschliffenen Botschaften, die der Empfänger nicht etwa für sich alleine las, sondern laut, vor der versammelten geistlichen Familie, mit der er sein Leben betend und büßend verbrachte, durch diese Schriften, von denen die besten kopiert, weitergereicht und später – wie bei dem Brief von Petrus Venerabilis der Fall – in Sammelbänden zusammengefaßt wurden, fand ein reger Gefühls- und Gedankenaustausch zwischen den Mönchen und den Nonnen statt, diesen Männern und Frauen, die sich vom Trubel der Welt zurückgezogen hatten, weil sie überzeugt waren, sich durch die Entsagung auf den höchsten Gipfel der menschlichen Werte zu erheben. Von der ganzen in lateinischer Sprache gehaltenen Literatur der damaligen Zeit hat diese Art Briefwechsel wohl die stärksten, die originellsten Schriftstücke hervorgebracht – diejenigen jedenfalls, die am besten Aufschluß über Verhaltensweisen und Geisteshaltungen geben.

Durch einen Mittelsmann, den Grafen von Champagne, hat Petrus Venerabilis ein Handschreiben von Héloïse bekommen, einen bangen Hilferuf. Um sie aufzurichten, erzählt er ihr, welches Leben Abaelard während der letzten Monate in seinem Kloster geführt hat: ein exemplarisches, erbauliches Leben. Als vollkommener Mönch, mit der letzten Wegzehrung versehen, von allen Sünden reingewaschen, hat er einen sehr schönen Tod gehabt. Aber nicht er ist es, der mich interessiert, sondern Héloïse. Und was sie betrifft, so liefert dieses unbestreitbar authentische Zeugnis zwei kostbare Hinweise. Zum einen stellt Petrus Venerabilis fest, daß Abaelard Héloïse »gehört«, denn sie, so sagt er – ohne ausdrücklich von Ehe zu sprechen –, sei mit ihm durch »Begattung« vereinigt gewesen und habe diese Bindung später durch das noch stärkere Band der Gottesliebe befestigt; mit Abaelard »und unter ihm« habe sie lange dem Herrn gedient; nun habe Gott sich seiner angenommen; an Héloïses Platz, als ihr »anderes Ich«, wärme er »ihn in seinem Schoß«, um ihn ihr zu bewahren und ihn ihr am Tag des Jüngsten Gerichts zur ewigen Wiedervereinigung zurückzugeben. Andererseits beginnt der Brief mit einer langen Huldigung an Héloïse. In dieser Lobrede erscheint sie als mustergültige Äbtissin, als gute Feldherrin einer kleinen Frauenschwadron, die unermüdlich gegen den Teufel kämpft, den »uralten und listigen Feind der Frau«: schon seit langem tritt Héloïse die Schlange mit Füßen, und sie wird ihr das Haupt zermalmen. Ihr Kampfeseifer, der sie zu einer neuen Penthesilea macht, Königin der Amazonen, ganz wie die starken Frauen des Alten Testaments, beruht vor allem auf ihren intellektuellen Fähigkeiten. Schon in jungen Jahren hat sie Verwunderung ausgelöst: ohne sich von weltlichen Genüssen ablenken zu lassen, hat sie nur ans Studieren gedacht und die Wissenschaft so emsig betrieben, daß es ihr, einer Frau, gelungen ist, in Dingen des Geistes nicht nur ihre Gefährtinnen, sondern auch, o Wunder, »fast sämtliche Männer zu übertreffen«. Indem sie sich dann für das Kloster entschied, änderte sie nicht nur ihr Leben; sie gab auch dem, was sie im Kopf hatte, einen neuen Sinn: in vollständiger Unterwerfung stellte sie es in den Dienst des Herrn und wurde so »wahrhaft ein weiblicher Philosoph«. Darin liegt ihre Stärke.

Dieses Bild überrascht. Es paßt schlecht zu dem, welches der Name Héloïse in uns wachruft. In der Tat ist die Gestalt der Héloïse tief ins Imaginäre ganz Europas eingedrungen, und diese Gestalt ist nicht die der beispielhaften Nonne, der Petrus Venerabilis in seinem Schreiben huldigt und deren Tugenden nach ihm Bernhard von Clairvaux lobpreisen wird. Als Jean de Meung im Paris des ausgehenden 13. Jahrhunderts Héloïse einige Verse des *Rosenromans* widmete, besang er nicht ihre Weisheit, sondern das, was sie »vielen Leuten toll« erscheinen ließ. Diese Tollheit reizte auch Petrarca. Sie rührte Rousseau, Diderot und sogar Voltaire. Diese Tollheit gewann die Herzen der Romantiker: selbstvergessen weilten sie am Grab der Äbtissin auf dem Friedhof Père-Lachaise, und noch heute sieht man am Seineufer unterhalb von Notre-Dame eine Inschrift auf der Wand eines um 1830 erbauten Hauses, die den angeblichen Ort bezeichnet, an dem sich Héloïse allen Wallungen der Liebesglut hingegeben haben soll. Rilke schloß sich an, dann Roger Vailland und viele andere, bis heute. Seit Jean de Meung ist die Héloïse unserer Träume die Nummer eins der freien Liebe, die sich gegen den Ehestand auflehnte, weil er bindet und die freiwillige Hingabe des Körpers in eine Pflicht verwandelt. Sie ist die leidenschaftlich Liebende, unter ihrer Nonnentracht von Sinnlichkeit verzehrt, die Rebellin, die selbst Gott die Stirn zu bieten wagte: die sehr frühe Heldin einer Befreiung der Frau.

Dieses Bild, so anders als das erste, beruht auf einem

Ereignis, über das wir durch zwei andere Briefe informiert werden, auch sie authentisch – so scheint es jedenfalls: sicher ist das nie bei dieser Art von Texten, die oft reine Bravourstücke sind, Muster eines schönen Stils, um auf den literarischen Versammlungen zu glänzen, oder auch als Beispiele des geschliffenen Ausdrucks für Anfänger im Studium der freien Künste komponiert. Beide Briefe sind an Abaelard gerichtet. Der erste hat, wie der von Petrus Venerabilis, die Form eines Trostbriefes. Er stammt von Fulco, Prior der Abtei von Deuil, nahe Montmorency – ein Mann aus dem gleichen Kreis einflußreicher Familien, dem Abaelard und Héloïse angehörten. Abaelard ist Opfer eines gemeinen Anschlags geworden: man hat ihn kastriert. Darüber möge er jedoch nicht zürnen, schreibt Fulco, er möge seinen Haß zurückstecken, nicht nach Rache trachten. Seit er dem Kloster von Cluny beigetreten sei, habe er mit der Welt nichts mehr zu schaffen. Im übrigen würden die Übeltäter gehörig bestraft, ihrerseits entmannt und obendrein geblendet; dem Anstifter, der sie gerüstet habe, sei die Präbende konfisziert worden. Vor allem aber möge Abaelard bedenken, welchen Gewinn er aus dieser Prüfung ziehe: immerhin sei er jetzt frei – frei und gerettet. Nachdem er doch auf dem besten Wege war, ins Verderben zu stürzen. Zum Beweis führt Fulco ihm diesen seinen Weg bis zum Augenblick des Dramas noch einmal vor Augen. Erst der unbeschreibliche Erfolg, die Massen, die von allen Seiten herbeiströmten, um Meister Abaelard, »die klarste Quelle der Philosophie«, zu hören. Dann der jähe Sturz. Verursacht, »wie man sagt«, durch die »Liebe« –

hier zu verstehen als die männliche Begierde –, die »Liebe aller Frauen: denn mit den Netzen der Begierde fangen sie die Buhler ein«. Das ist alles, was Fulco dazu sagt: er ist Mönch, und Mönche sprechen über solche Dinge nicht. Um so beharrlicher insistiert er auf Abaelards Hochmut: »Begabt mit einem Übermaß an Gaben (...), wähntest Du Dich allen überlegen, selbst den Gelehrten, die vor Dir sich dem Werk der Weisheit hingegeben hatten.« *Superbia*, das erste Übel. Das zweite, *Avaritia*: der Beruf des Hochschullehrers in Paris ernährte damals seinen Mann so gut, daß Abaelard reich geworden war. Schließlich die Wollust: »Alles, was Du mit Deinem feilgebotenen Wissen verdienen konntest, warfst Du unausgesetzt in den Schlund buhlerischen Aufwandes. Die gierige Habsucht der Dirnen hat Dir alles geraubt.« Und siehe da, nun bist du geheilt, durch die bloße Entfernung eines »kleinen Körperteils«. Welch eine Wohltat! Vor allem hast du, wenn du weniger verdienst, auch weniger auszugeben: jetzt, da sie nicht mehr um die Frauen ihres Hauses fürchten müssen, werden deine Freunde dir die Tür öffnen. Schluß auch mit den Versuchungen, den Phantasien von Unzucht, von Sodomie, Schluß mit den nächtlichen Samenergüssen. Die Kastration also – eine Erlösung! Entsprechend den Regeln der Rhetorik endet der Brief mit einem *planctus*, einer Beklagung des Unglücks. Ganz Paris, schreibt Fulco, sei in Trauer, der Bischof, sein Klerus, die Bürger auch, und vor allem die Frauen. »Muß ich an all die weinenden Frauen erinnern? Bei dieser Nachricht brachen sie in Schluchzen aus, und ihr Gesicht war in Tränen gebadet, denn sie hatten Dich, ihren Ritter, verloren. Es war, als hätte der Krieg einer jeden ihren Gatten (*vir*) oder Geliebten (*amicus*) entrissen.«

Roscelin, ein Lehrer, dessen Schüler Abaelard einst in der Touraine gewesen war, ist der Verfasser der anderen Epistel, die kein Trost-, sondern ein Schmähbrief ist. Roscelin antwortet Abaelard, weil dieser gegen ihn und für Robert von Arbrissel Parei ergriffen hat, den erleuchteten Apostel, der bedrängte Frauen in Fontevraud aufnahm, jenem Doppelkloster, dessen Ordensregel gegen die natürliche Rangordnung verstieß: wie im Paraklet, das diese Regel übernehmen sollte, waren die Mönche den Nonnen und der Führung einer Äbtissin unterstellt. Roscelin, Fürstreiter der sozialen Ordnung, greift in seinem Brief zuerst Messire Robert an: »Ich kann bezeugen«, schreibt er, »daß dieser Mann Frauen in sein Kloster aufnahm, die ihrem Gatten entflohen waren, die von ihrem Gatten zurückgefordert wurden und die er dennoch hartnäckig bis zu ihrem Tode festhielt... Wenn aber eine Ehefrau sich weigert, ihre Pflicht gegenüber dem Gemahl zu erfüllen, wenn dieser darum gezwungen ist, hier und dort zu huren, liegt das schlimmere Übel bei der, die ihn zwingt, nicht bei dem, der handelt. Schuld am Ehebruch ist die Frau, die ihren Mann im Stich läßt, während er zu sündigen gezwungen ist.« Und noch schuldiger ist natürlich der, der diese Frauen nicht herausgibt. Doch das wesentliche für uns ist hier der direkte Angriff Roscelins gegen seinen ehemaligen Schüler: »Ich sah Dich in Paris, Gast des Kanonikers Fulbert, in seinem Hause aufgenommen, in Ehren an seinem Tisch empfangen wie ein Freund, ein Vertrauter. Er hatte Dir, damit Du sie unterweisest, seine Nichte anvertraut, eine sehr züchtige Jungfrau... Von zügelloser Wollust beseelt, hast Du sie nicht Räsonieren, sondern Huren gelehrt. Durch diese *eine* Missetat hast Du Dich vieler Verbrechen schuldig gemacht: des Verrats, der Hurerei sowie der schmutzigen Verletzung der jungfräulichen Scham.« Aber damit nicht genug: auch jetzt, da er entmannt ist, sündigt Abaelard noch durch die Frau. Der Abt von Saint-Denis gestattet ihm, zu lehren. »Doch das«, sagt Roscelin, »was Du verdienst, indem Du Unwahrheiten lehrst, bringst Du Deiner Hure als Entgelt für geleistete Dienste. Du bringst es ihr persönlich, und was Du einst, da Du kein Krüppel warst, als Preis für das erhoffte Vergnügen gabst, gibst Du aus Erkenntlichkeit, Dich schwerer durch die Bezahlung vergangener Unzucht als durch den Kauf neuer versündigend.«

Halten wir uns nicht bei den sprachlichen Übertreibungen auf. Die Gesetze der brieflichen Eloquenz verlangten in diesem barocken Zeitalter eine ungestüme Ausdrucksweise. Denken wir im Augenblick nur an den Inhalt der drei Briefe. Es geht um zwei berühmte, zwei sehr berühmte »Philosophen«, die sich in fleischlicher, in körperlicher Liebe vereinigt hatten. »Begattung«, sagt Petrus Venerabilis; »Hurerei«, sagt Roscelin. Jedenfalls waren sie ein Paar, und dieses Paar hatte Bestand. Nachdem sie beide dem Ordensstand beigetreten waren, gingen sie im Gleichschritt den Weg des Heils, die Frau jedoch dem Manne untertan, »unter ihm« Gott dienend. Der Mann ist, wie es sich gehört, stets der Handelnde. Er ist es, der aktiv durch das ganze Abenteuer führt.

»Die Liebe der Frauen«, und nicht nur einiger, sondern »aller Frauen« hat ihn ins Verderben gestürzt. Hochbegabt, des Ruhmes voll und außerdem ein reicher Mann, konnte er seine Begierden nach Lust und Laune befriedigen. Zumal in Paris, der Stadt der wohlfeilen Wissenschaft und der käuflichen Frauen. War der junge Abaelard also ein Weiberheld? Was ist Wahres daran? Steht hinter diesem Eindruck nicht die übelwollende Hetze der Orthodoxen gegen die neue Sorge um das Seelenheil der Frauen, die in den Anfängen des 12. Jahrhunderts manche Diener Gottes dazu brachte, sich ihnen nicht mehr ganz so fernzuhalten? Die Hetze gegen Männer wie Robert von Arbrissel und seine Nacheiferer, über die nur allzugern erzählt wurde, daß ihre Jünger Unzucht mit den Büßerinnen trieben?

Doch im Fall Abaelard war die Sache klar: er hatte sich der jungen Héloïse bemächtigt. Eine banale Geschichte im Grunde. Wir kennen die fröhliche Sexualität mit Abhängigen in den Hausgemeinschaften der damaligen Zeit. In dieser nun, der großen Hausgemeinschaft eines wohlgeborenen Kanonikers, lebte eine Jugendliche, die Nichte des Hausherrn, und sie war frei. Gute Beute also. Nicht unähnlich den zarten Jungfrauen der Ritterromane, die dem fahrenden Helden nach allen Regeln der Gastfreundschaft freigebig von dem Vater für die Nacht seines Aufenthalts gegeben wurden. Bei Héloïse allerdings war der Hausherr nicht einverstanden. Er ließ den Verführer kastrieren. 1113, wie es scheint: im darauffolgenden Jahr verschwindet der Name Fulbert – des Anstifters der Kastration, der nach Fulcos Aussagen mit der

Konfiszierung seiner Güter bestraft wurde – tatsächlich für fünf Jahre aus dem Verzeichnis der Kanoniker von Notre-Dame. Ein Unfall. Doch in der kleinen Welt der Pariser Schulen und des Königshofs galt das Ereignis als Skandal: ein hochangesehener Gelehrter, entmannt wegen einer Frau, deren Wissenschaft ebenfalls berühmt war. Stellen wir uns vor, ein so gemeiner Angriff wäre Jean-Paul Sartre im Paris der fünfziger Jahre widerfahren! Es wurde viel darüber geredet, lange Zeit. Dieser aufsehenerregende Fall bot guten Stoff, um eine schöne moralische Lektion zu konstruieren und allerhand Probleme anzusprechen, die den Gelehrten im Norden Frankreichs Anfang des 12. Jahrhunderts zu schaffen machten. Probleme, die den intellektuellen Berufsstand betrafen, sein Verhältnis zu den Eitelkeiten dieser Welt, dem Hochmut, der Habsucht. Vor allem aber Probleme der Sexualität. Dieselben Probleme nun finden wir in einer Briefesammlung abgehandelt, die in der Abtei des Paraklet zusammengestellt wurde. Den eigenen Angaben zufolge soll sie um 1132 geschrieben worden sein, neunzehn Jahre nach dem unerfreulichen Ereignis. Doch die älteste auf uns überkommene Handschrift dieser berühmten Briefe stammt aus einer viel späteren Zeit: aus den Jahren, da Jean de Meung sie voller Begeisterung aus dem Lateinischen übersetzte. Seither haben Generationen sie gelesen, über Generationen haben sie die Gemüter bewegt. Héloïse und Abaelard sind da. Sie sprechen, in einem Drama miteinander konfrontiert. Vier Akte, eine Auflösung. Und als Vorspiel ein Monolog.

VORSPIEL

Unter dem Vorwand, einem Freund Trost zu spenden, erzählt Abaelard ausgiebig und selbstgefällig seine eigenen Mißgeschicke. Er führte ein glückliches Leben. Plötzlich, sagt er, traf ihn ein doppelter Schicksalsschlag an den beiden Quellen seiner sündhaften Hoffart: in seinem Geiste war es die Verurteilung und Zerstörung seines Werks; in seinem Fleische war es die Entmannung. Im Mittelpunkt des Bekenntnisses also der aufsehenerregende Vorfall, den wir kennen, und seine Folgen. Der Mann, der hier beschrieben wird, war nicht der Schürzenjäger, über den Fulco hohnlächelte. Er war keusch. Aber er war reich, und »wer in dieser Welt nicht mehr zu kämpfen braucht, der verliert die Spannkraft und verfällt schließlich den Lockungen des Fleisches. Ich bildete mir ein, ich sei der einzige Philosoph in der Welt,... und ließ nun meiner Gier die Zügel schießen, während ich früher ganz keusch gelebt hatte.« In Fulberts Haus lockte ihn Héloïse. Eine »anmutige Erscheinung«, vor allem aber durch »ihre ausgedehnte Bildung« auf dem »ersten Platz«. Sie fiel ihm in die Arme. Er genoß es, verfeinerte die Sache: »Wir bereicherten unser Liebesspiel mit allen Reizen, welche die Erfinderlust ersonnen.« Sklave der Wollust, kam er wie der Romanheld Erec »ins Verliegen« – Étienne Gilson hat diese Parallele aufgezeigt –, die Pflichten seines Standes und die Studien vernachlässigend, »alle Nächte für die Liebe« wachend. Durch die Frau entkräftet, »zermürbt«, stürzte er von seinem hohen Thron. Héloïse wurde schwanger. Er entführte sie, brachte sie in die Bretagne, ihre Heimat. Sie gebar einen Sohn. Der Onkel sprach von Ehre, verlangte Wiedergutmachung. Abaelard bot die Eheschließung an, aber unter der Bedingung, daß die Heirat geheim bliebe. Die Sache wurde ausgehandelt – unter Männern: sie, das Mädchen, willigte nicht ein. Sie wurde gezwungen. Doch gleich nach der heimlichen Einsegnung führte der beschämte Ehemann, besorgt um seinen guten Ruf, die ihm Angetraute dem Nonnenkloster von Argenteuil zu. Dort war sie schon als kleines Mädchen im Internat gewesen, und in Paris würde man glauben, sie sei zurückgekehrt, um ihre Erziehung zu vollenden, ohne eine Spur von Ehe oder Mutterschaft – eine Laienschwester in Pension, umgeben von wohlgeborenen Jungfrauen, ihren mehr oder weniger nahen Cousinen. Héloïses Verwandtschaft sah darin schnöden Betrug. Sie rächte sich. Entmannt, trat Abaelard dem Ordensstand bei. Er wurde Mönch und zwang jetzt seine Gattin, es ihm gleichzutun, den Schleier zu nehmen, Nonne zu werden. Als er diese Autobiographie schrieb, hatte er sie im Paraklet als Äbtissin eingesetzt. Er selbst leitete seit vier Jahren das bretonische Kloster Saint-Gildas-de-Rhuys.

I. AKT

Dieser lange Brief fiel Héloïse in die Hände, die nun zum ersten Akt die Bühne betritt. Ebenfalls in einem Brief, an den gerichtet, den sie ihren »Gatten« und ihren »Herrn« nennt, beklagt sie sich, sehr würdevoll, mit lauter Stimme.

Nach der Eheschließung, die sie nicht gewollt habe, da sie lieber, wie sie sagt, seine »Hure« geblieben wäre, um ihren freien Liebesbund zu wahren, sei ihre Liebe zu ihm in solchen Wahnsinn umgeschlagen, daß sie – trotz ihrer selbst – auf seinen Befehl, untertänigst ihm und nicht Gott gehorchend, eingewilligt habe, Nonne zu werden. Nun sei es an ihm, seine ehelichen Pflichten zu erfüllen. Bisher habe er sie und die kleine Herde Frauen, mit der sie als Hirtin nach dem Paraklet gezogen war, im Stich gelassen. Er habe immer nur an sein eigenes Vergnügen gedacht. Da er ihren Leib nicht mehr genießen könne, kümmere er sich nicht mehr. Sie dagegen sei weiterhin eine Gefangene der Liebe, der wahren Liebe des Körpers und des Herzens. Sie brauche ihn. Einst habe er sie in die Spiele der freien Liebe eingeführt. Möge er ihr heute helfen, Gottes Liebe in ihr zu wecken.

II. AKT

Abaelard antwortet, eher distanziert. Der zweite Akt fällt sehr viel blasser aus. Der pflichtvergessene Ehemann entschuldigt sich in aller Kürze. Nicht aus Gleichgültigkeit hat er so lange geschwiegen, sondern weil er auf die Klugheit seiner Gattin vertraut und weil er weiß, daß Gott die Frauen, die ihm in den Klöstern dienen, mit seiner ganzen Gnade unterstützt. Héloïse wird wohl weiterhin auf ihn verzichten müssen, denn sein Tod steht zweifellos bevor: die Mönche von Saint-Gildas trachten ihm nach dem Leben. Abaelard bittet die Nonnen aus dem Paraklet, in der Erwartung seines Begräbnisses für seine Seele zu beten. Die Gebete der Frauen, sagt er – und zu seiner Zeit teilten nur sehr wenige diese Überzeugung –, sind ebensoviel wert wie die der Männer.

III. AKT

Die bloße Tatsache, daß Abaelard zurückgeschrieben hat, daß er seinen möglichen Tod heraufbeschwört, reicht aus, um Héloïse jenen wunderbaren Gefühlsausbruch zu entlocken, der die Schönheit des vierten Briefs ausmacht und die dramatische Spannung auf den Höhepunkt bringt. »Ihrem Einziggeliebten nach Christus, seine Einzigliebende in Christus«, diese Anrede enthüllt den Wandel, die Unterwerfung unter Christus, die sich als Gnadenwirkung bereits abzeichnet. Vor allem aber zeigt sie die unbändige Macht der Liebe. Die Leidenschaft strömt nur so aus diesen rhythmischen, ausbalancierten lateinischen Sätzen, deren scheinbare Unordnung die seelische Erregung spiegelt. Und genau an dieser Stelle geht der Aufschrei durch die Menge: da ist er, tatsächlich, der reinste Ausdruck der Weiblichkeit! An dieser Stelle glaubt der Historiker, der sich mit der Geschichte der Frauen befaßt, sie endlich reden zu hören, endlich zu erfassen, was sie vor achthundert Jahren im Grunde ihres Herzens wirklich dachten. Erschauernd, kann Héloïse den Gedanken nicht ertragen, daß Abaelard vor ihr stürbe. In dem Schmerz, der sie überwältigt, verliert sie ihre Beherrschung, sie hält sich nicht mehr zurück, Gott anzuklagen. Warum hat Gott sie so unbarmherzig geschlagen, und das nach der Eheschließung, die doch alles in Ordnung bringen sollte? Und warum straft er nur Abaelard allein? Ihretwegen? Ja, es ist wohl wahr, wenn man sagt, »daß die Männer am leichtesten zu stürzen sind durch ihre Frauen«. Also ist die Ehe doch verderblich, und sie hatte recht, diesen Bund abzulehnen! Sie will Buße tun, aber nicht um Gottes willen, sondern als Sühne für das, was Abaelard erlitten hat. Er ist kastriert worden, nicht sie. Die Frau kann nicht kastriert werden – und darum kommt sie nicht los von den Reizungen der Sinnlichkeit. Ihre weibliche Natur hindert sie an echter Reue. Sie bleibt besessen von der Erinnerung an verlorene Genüsse, mitten im Hochamt drängen sich ihr wollüstige Phantasien auf.

IV. AKT

Sie hat ins Schwarze getroffen. Abaelard regt sich. Im vierten Akt kehrt Leben in ihn ein. Um deutlich zu machen, in welche Richtung seine Antwort zielt, wählt er die Anrede: »Der Braut Christi.« Tatsächlich dreht sich alles um die Ehe. Er war ein schlechter Gatte, wollüstig, der seine Frau mit Gewalt nahm, ihr nachstellte bis ins Refektorium von Argenteuil, sie schlug und mißhandelte, bis sie nachgab. Er hat seine Züchtigung also verdient. Ja, sie war zu seinem Besten, da sie ihn des Körperteils entledigte, das sein »Reich der Begierde« war. Nur Héloïse wird von der Begierde noch gequält. Möge sie sich trösten: für das, was sie erleidet, wird ihr der Ruhm des Martyriums zuteil. Indem sie den Schleier nahm, ist sie die Braut des Herrn geworden, der ein vollkommener Bräutigam, ja besser noch, ein vollkommener Liebhaber ist. Abaelard ist sein Knecht. Damit steht sie über ihrem irdischen Gemahl. Sie ist seine »Dame«. Und das Gebet, das er ihr zur täglichen Fürbitte aufgesetzt hat, rühmt den Bund der Ehe. »O Gott, Du hast im Anbeginn der Schöpfung... das hochheilige Sakrament der Ehe gestiftet... Du hast uns vereint, o Herr, und hast uns geschieden, wann und wie es Dir gefallen.« Vollende nun, was Du begonnen hast: »Der Du uns in der Welt einmal voneinander geschieden, vereine uns mit Dir auf ewig in Deinem himmlischen Reiche!« Genau das, was der Abt von Cluny, Petrus Venerabilis, Héloïse zehn Jahre später, 1142, verheißen sollte.

AUFLÖSUNG

Der Knoten des Dramas löst sich unvermittelt gleich am Anfang des folgenden Briefes – des letzten von seiten Héloïses. Sie gehorcht. Sie wird ihrer Hand verbieten, Worte zu schreiben, die sie ihrem Mund kaum verbieten könnte, die sich ihr unter dem ungestümen Trieb ihres schwachen Weiberleibs auf die Lippen drängen. Sie wird sich bemühen zu schweigen. Unter dem Siegel des Schweigens will sie alles begraben – ihre Liebe, ihre Bitterkeit und ihre stürmische Begierde. Lassen wir das, sagt sie, sprechen wir von etwas anderem. Was sie im folgenden von ihrem

»Herrn« erbittet, ist eine neue Regel für die Ordensgemeinschaft des Paraklet: ausschließlich darum geht es, endlos und langweilig für uns, bis zum Schluß des *Briefwechsels*.

Dieser wilde Freiheitsdrang, diese Stummheit, was die Reue betrifft, diese Liebesleidenschaft *à la* Stendhal: wie ist zu begreifen, daß der Abt von Cluny der notorisch widerspenstigen Héloïse ein solches Loblied schrieb? Wie sollen wir entscheiden, welche von den Zügen wahr sind, die Petrus Venerabils ihr unterstellt, und welche von denen, die der Briefwechsel offenbart? Wie soll der Historiker erkennen, wer diese Frau wirklich war?

Er muß sich vorsehen, in erster Linie mißtrauisch sein. Dieser Text ist suspekt. Zweifel an seiner Authentizität sind schon Anfang des 19. Jahrhunderts aufgekommen. Die Gelehrten haben darüber gestritten, und sie streiten heute noch. Manche sehen in ihm das Werk eines Fälschers. Viele glauben, daß die Héloïse zugesprochenen Teile, wenn nicht von Abaelard selbst, so doch jedenfalls – wie die *Portugiesischen Briefe* der Mariana Alcoforado – von einem Mann geschrieben worden sind. Ich will nicht in die Kontroverse eintreten. Ich greife lediglich das stärkste Argument der Vertreter einer mehr oder weniger weitgehenden Fälschung heraus: den Zusammenhalt des Ganzen. Diese Sammlung unterscheidet sich von allen anderen aus der gleichen Zeit dadurch, daß die Briefe so angeordnet sind wie in *Die Neue Héloïse* von Rousseau oder in *Gefährliche Liebschaften*: als wechselseitige Antworten. Auch wird deutlich, daß einige der Briefe von Héloïse oder von Abaelard nicht in die Sammlung aufgenommen wurden; daran zeigt sich die Absicht, durch eine vernünftige Auswahl einen gestrafften, überzeugenden Diskurs zusammenzustellen. Schließlich ist der Text der Handschriften, die ohne Ausnahme mindestens eineinhalb Jahrhunderte später zu datieren sind als die Ereignisse, in angekündigte Kapitel untergliedert. In den Teilen, die Abaelard zugesprochen werden, finden sich sogar Verweise auf vorausgehende Textstellen. Es handelt sich also zweifelsfrei um eine sorgfältige literarische Konstruktion, die sich liest wie ein Roman. Ein Roman wohlgemerkt, dessen Protagonist ein Mann ist. Gewiß wiegt die weibliche Person hier schwerer als in den Ritterromanen. Doch die Aufmerksamkeit gilt hauptsächlich Abaelard, genau wie bei Tristan oder Lanzelot. Und etwas anderes liegt auf der Hand: der Stoff, der in diesem Werk dargeboten wird, enthält zu viele kostbare und treffende Anspielungen auf die Welt der Pariser Schulen zur Zeit Ludwigs VI. und Ludwigs VII., als daß man es durchweg für eine spätere Fälschung halten könnte. Es stammt mit Sicherheit aus der Mitte des 12. Jahrhunderts. Nicht weniger klar ist freilich, daß eben dieser Stoff Gegenstand einer Montage war, deren Urheber niemand je kennen wird.

Nehmen wir nun an, Héloïse hätte ihre drei Briefe tatsächlich selbst verfaßt – woran ich persönlich meine Zweifel habe –, so müssen wir uns insbesondere vor einem Mißverständnis hüten, das die Historiker bei der Deutung dieser Quelle irregeführt hat und heute noch irreführt: Im 12. Jahrhundert schrieb man einen Brief nicht wie zur Zeit von Leopardi oder von Flaubert, auch nicht wie heute, wenn man denn überhaupt noch Briefe schreibt. Sämtliche Briefe, die uns von damals erhalten sind, wurden, ich habe es bereits gesagt, dem Publikum wie Kanzelreden vorgetragen, wie Tiraden einer Tragödie: aus diesem Grund habe ich weiter oben den Ausdruck »Drama« eingeführt. Ebensowenig wie das große höfische Lied der Troubadoure enthielten diese Briefe Vertraulichkeiten. Nein, niemand schüttete hier niemandem sein Herz aus! Der Briefeschreiber hatte es in erster Linie darauf abgesehen, seine schriftstellerische Virtuosität zu beweisen, indem er mit dem Klang der Wörter, dem Echo, dem Rhythmus der Sätze spielte. Er stellte die Bandbreite seiner Bildung zur Schau, indem er den Text mit Zitaten spickte. Die Héloïse zugeschriebenen Briefe strotzen davon. Mitten in dem, was der unwillkürliche Aufschrei einer gekränkten Liebe schien, läßt ein Satz des heiligen Ambrosius, des heiligen Augustinus oder des heiligen Paulus das Gefühl, das uns, Menschen des 20. Jahrhunderts, gerade überkommen wollte, wieder erkalten. Der Eindruck, daß es sich nicht um ein Geständnis, sondern um eine gelehrte Darbietung handelt, verstärkt sich, wenn man Héloïse als perfekte Schauspielerin in der Rolle des hartnäckigen Sünders sieht, ganz wie der heilige Hieronymus sie in seiner Schrift gegen Jovinianus beschrieben hat: »Durch die Erinnerung an lasterhafte Freuden zieht der wachgewordene Gefühlssinn auch die Seele in Mitleidenschaft und läßt das Übel unbewußt wirken, wo bewußtes Handeln nicht in Frage kommt.« Auf solchen Erwägungen beruht der ganze Umschwung des Dramas. Und der Kunstgriff wird restlos deutlich, wenn man bemerkt, daß der gleiche Satz schon in Abaelards Bekenntnis zitiert worden ist, diesmal mit Bezug auf ihn, am Anfang seines Heilsweges, auf dem er beispielhaft vorausging, wie es sich für einen guten Ehemann gebührt. Schließlich folgt die Schreibweise der damaligen Zeit genauestens festgelegten, kodifizierten und einstudierten Regeln. Wer sie nicht richtig kennt, läuft Gefahr, sich über den Sinn der mit ihrer Hilfe konstruierten Rede gewaltig zu täuschen. Ein Beispiel: Das Schweigen, das sich die Äbtissin des Paraklet in dem letzten ihrer Briefe auferlegt, dieses Schweigen, über das es Begeisterungsstürme gab, weil man es für stolze Unbeugsamkeit hielt, ist in Wirklichkeit, wie Peter von Moos gezeigt hat, eine rhetorische Figur, die in der Redekunst unter dem Namen *praeteritio* beschrieben wird: ein Mittel, das von Abaelards Zeitgenossen üblicherweise benutzt wurde, um den Abschluß einer Diskussion im Rahmen intellektueller Streitgespräche zu markieren.

Wer auch immer damals zur Feder griff, drückte seine Gedanken zwangsläufig in den rigiden, konventionellen Formen dieser Rhetorik aus, die uns nicht mehr geläufig ist. In solchen Formen sind uns auch die Héloïse zugesprochenen Worte überliefert. Und sie sind es durch Briefe, die geschrieben wurden, um ein großes Auditorium zu überzeugen. Wenn wir dies – zwei entscheidende Prämissen – nicht vergessen, wenn wir außerdem das heute unlösbare Problem der Authentizität beiseite lassen und den *Briefwechsel* als das nehmen, was er für diejenigen sein sollte, die ihn gestaltet haben, wenn wir allein von der unstreitigen Gewißheit ausgehen, daß die Briefe in einem Kloster und zum Zwecke geistlicher Erbauung geschrieben worden sind – erst dann offenbart sich die wirkliche Bedeutung dieses Textes, während gleichzeitig das Bild hervortritt, das die Zeitgenossen sich von Héloïse machten: ein absolut anderes Bild als das, das die Romantiker von ihr hatten und das bis heute viele von ihr haben.

Allem Anschein nach war die Briefesammlung zunächst als eine Denkschrift konzipiert, ein Denkmal, wie es in Klöstern oft errichtet wurde, zur Erinnerung an die beiden Gründer des Paraklet. Nach dem Muster eines Heiligenlebens beschreibt der Text ihre »Passion«: alles, was sie beide gelitten haben, die Prüfungen, die sie durchstehen mußten, bis es ihnen gelang, sich selbst zu bezwingen, um schließlich in einer Art Heiligkeit zu enden. Ein schwieriger Bericht, da es gilt, die Umstände einer doppelten Bekehrung zu beschreiben. Besonders wird hervorgehoben, wie mühsam es ist, sich vom Bösen zu befreien, seine Sünden zu bereuen und zu büßen. Ganz im Sinne der Philosophie Abaelards, derzufolge das Unrecht nicht in der Handlung, sondern in der Absicht liegt, bestätigt der *Briefwechsel*, daß die hartnäckigsten Sünden nicht die des Fleisches, sondern die des Geistes sind, daß der Mensch auch bei strengster Enthaltsamkeit schuldig bleibt, wenn er seiner Begierde nicht Herr wird, wenn er die Sehnsucht nach verlorenen Sinnesfreuden nicht endgültig aus seinem Innersten vertreibt.

Dieser Text ist also hauptsächlich eine moralische Abhandlung, erbaulich wie die damaligen Heiligenleben und die Ritterromane. Anhand der Erzählung eines Abenteuers lehrt er, sich gebührlich zu benehmen. Die pädagogische Absicht wird gleich am Anfang kundgetan, im ersten Satz des autobiographischen Teils: »Ein Menschenherz leidenschaftlicher schlagen zu lassen oder es ganz still zu machen, beides gelingt den Beispielen (*exempla*) oft besser als dem Wort.« Tatsächlich wurden die Briefe so zusammengestellt, daß sie insgesamt die Form eines großangelegten *exemplum* haben, das im wesentlichen zeigen soll, auf welche Weise die Frau ihre Seele zu retten vermag. Zu diesem Zweck wird erstens dargelegt, daß die Ehe gut ist; zweitens, daß sie als Vorbild dienen kann, wenn es darum geht, innerhalb des Klosters eine gottgefällige hierarchische Beziehung zwischen Männern und Frauen herzustellen; und drittens, wie es um die Weiblichkeit bestellt ist, worin ihre spezifischen Mängel und Tugenden bestehen. Diese drei Punkte wollen wir nun näher betrachten.

Die Frau ist schwach. Allein kann sie dem Verderben nicht entrinnen. Ein Mann muß ihr zur Seite stehen. In Ermangelung eines Vaters, eines Bruders, eines Onkels, braucht sie einen Ehemann. Neben anderen Lektionen enthält der *Briefwechsel* ein Loblied auf die Ehe, genau wie – das sollten wir festhalten – die Antwort, die Abaelard auf das letzte der zweiundvierzig »Probleme« gab, das Héloïse ihm mit dem Vorabversprechen unterbreitet hatte, sich »*auch darin* seinem Gehorsam zu unterwerfen«. Die Frage der Ehe lag der Äbtissin des Paraklet also besonders am Herzen. Aber nicht nur ihr: sie beschäftigte alle Kirchenleute. Zu diesem Zeitpunkt nämlich stritten die Theologen noch, ob es nicht gefährlich wäre, die Institution der Ehe in die Reihe der sieben Sakramente aufzunehmen. Der Text, den wir hier analysieren, bezieht in dieser Auseinanandersetzung Position. Durch die Schilderung eines bestimmten Falles sollen die heilbringenden Tugenden der Ehe herausgestellt werden. Die Beweisführung beginnt mit der Erklärung, daß manche Ehen schlecht sind. So in den Anfängen auch die der beiden Liebenden Abaelard und Héloïse. Schlecht vor allem aus drei Gründen. Zum einen wegen der heimlichen Hochzeit: eine bloße Trauung im Morgengrauen, nur vor einigen Verwandten, ganz ohne die Scharen fröhlicher Gäste, die das Heiratsritual verlangte – das konnte nichts Gutes bedeuten, denn um Blutschande und Doppelehen zu vermeiden, mußte die Hochzeit im Licht der Öffentlichkeit stehen. Schlecht auch, weil die Absichten Abaelards nicht die eines guten Ehemanns waren: wie er selber zugibt, hatte die Begehrlichkeit ihn zur Ehe getrieben, das Verlangen, »die über alles Maß Geliebte für alle Zeiten zu behalten«, die Furcht, ihr liebreizender Körper könne ihm geraubt, »sei es durch Zureden der Angehörigen, sei es durch die Lockungen des Fleisches« zu anderen Männern hingezogen werden. Eine schlechte Ehe war es schließlich und vor allem, weil die Ehefrau sie ablehnte: die kirchliche Obrigkeit proklamierte laut, daß der Ehebund nur im wechselseitigen Einvernehmen geschlossen werden dürfe. Schon an der Wurzel faul, konnte diese Heirat also kein Gnadenmittel sein wie jedes gebührlich erteilte Sakrament. Sie war nicht das, was eine gute Ehe ausmacht, kein Heilmittel gegen die Lüsternheit. Einmal verheiratet, brannte Meister Abaelard immer noch vor Sinnlichkeit, Héloïse bis in die hintersten Winkel des Klosters von Argenteuil verfolgend, sämtliche Gebote übertretend, sie zwingend, mit ihm alle nur denkbaren »Schmutzigkeiten« zu begehen. Infolgedessen übte Gott aus gutem Grunde seine Rache »eher an den Gatten als an den Buhlenden«, zu Recht wartete er mit seiner Strafe, bis der Ehebund geschlossen war. Es ist in der Tat viel gravierender, die heilige Ehe zu beschmutzen, als hier und dort zu huren. Es war auch gerecht, daß zunächst nur der Mann gestraft wurde: die Ehe setzte ihn als Führer und Verantwortlichen der Gemahlin ein.

Nun war aber diese Ehe, in aller Form eingesegnet, trotzdem eine rechtmäßige Ehe: die Erlösung des Paares sollte im segensreichen Rahmen der ehelichen *confederatio* erfolgen. Durch dieses »Sakrament«, sagt Abaelard, hatte Gott bereits beschlossen, »*uns beide* in seinen Dienst zu ziehen«. Als er sich, entmannt, gereinigt, »an Herz und Geist beschnitten« und durch das Klosterleben regeneriert, seiner Gattenpflicht bewußt geworden war, gab er sein Bestes, um Héloïse mitzureißen, sie in seinen spirituellen Fortschritt einzubeziehen: Mittler, wie es sich für einen Ehemann gehört, zwischen ihr und dem Allmächtigen. Seine Macht über sie benutzend, zog er sie, unterjocht, hinter sich her. Die Äbtissin des Paraklet bekennt in ihrem ersten Brief, daß es nicht Gottesliebe war, die sie auf ihrem Weg getrieben hat, daß sie nur dem Mann gehorchte, den sie liebte. »Jeden Befehl von Dir habe ich ausgeführt... Dein Wille allein stieß mich ins Kloster...

ich tat es nur, weil Du über mich verfügtest.« Genau das verlangt sie übrigens immer noch von ihm, als er bereits Abt von Saint-Gildas geworden ist: er, der sie einst zur sündigen Wollust erweckte, möge nicht aufhören, sie zu beherrschen, sie auf einen besseren Weg zu führen. Bemerkenswert ist die Beharrlichkeit, mit der Héloïse in der Haltung der untertänigen Ehefrau gezeigt wird. Den ganzen Briefwechsel hindurch sieht man sie in dieser Haltung, die den Frauen gebührt – der einzigen, die ihnen eine Chance bietet, von der Sünde loszukommen.

Hier offenbart sich die wirkliche Absicht dieser Apologie der Ehelichkeit. Das Loblied auf die Ehe soll den Vorschlag stützen, die bisherige Ordensregel des Paraklet zu ändern. Täuschen wir uns nicht: der Teil, den wir nicht mehr lesen und der in den neueren Texteditionen meist weggelassen wird – die beiden letzten Briefe, in denen Abaelard, nachdem er die Klosterreform gerechtfertigt hat, Héloïse den Plan eines neuen Stils klösterlichen Lebens unterbreitet –, enthält genau das, was für die Urheber der Montage das Wichtigste war, den Grund, aus dem diese Texte ganz offensichtlich so arrangiert wurden, wie sie es sind. In der Tat antwortet der *Briefwechsel* auf eine andere, brennende Frage, die inmitten des stürmischen Wachstums, das damals die ganze Gesellschaft erfaßte und die alten Gewohnheiten zu Fall brachte, die Männer des Gebets in zwei Lager teilte: wie sollte man es mit den Klosterfrauen halten? Die Antwort, über den ganzen Text verstreut, basiert auf vier Argumenten. Es ist gut, Frauen im Ordensstand zu haben: der dritte Brief ruft in Erinnerung, daß Frauen Zeuginnen der wunderbarsten Auferstehungen wurden, von denen die Heilige Schrift berichtet, angefangen mit der Auferstehung Christi; daran zeigt sich, daß die Frauen nach dem göttlichen Plan am Werk der spirituellen Auferstehung teilhaben sollen. Zweites Argument: es ist segensreich, wenn eine Nonnengemeinschaft – wie in Fontevraud der Fall – den Beistand einer Mönchsgemeinschaft genießt; die Gefahren einer solchen Annäherung dürfen nicht übertrieben werden! Abaelard, der Robert von Arbrissel verteidigt, erläutert am Beispiel der Jünger Jesu, daß Männer durchaus und legitimerweise in keuscher Gemeinschaft mit den Frauen leben können. Allerdings, das ist der dritte Punkt, laufen die Bestimmungen der im Paraklet geltenden Ordensregel – und diese ist die Ordensregel von Fontevraud – der natürlichen Ordnung insofern zuwider, als sie die Männer der Herrschaft einer Frau unterstellen; der heilige Paulus aber hat bestätigt, daß der Mann das Oberhaupt der Frau sein soll, weil – und dies sagt eine Frau, Héloïse – »das weibliche Geschlecht dank seiner eigenen Natur zu schwach ist«. Vierter Punkt: die Nonnen und ihre Führerin müssen der Autorität eines Mannes unterstehen wie die Ehefrau der ihres Gatten. Das Ehemodell ist zwingend. Die exemplarische Geschichte der beiden Gründer des Paraklet soll es beweisen. Um die Sache abzurunden, werden im *Briefwechsel* zwei weitere Punkte behandelt: zum einen die grundlegenden Schwächen der Weiblichkeit; zum anderen die Frage, was die Liebe sein soll.

Machen wir uns eigentlich klar, wie frauenfeindlich dieses Werk ist, dessen Sinn ich hier herauszuarbeiten versuche? Sind die Briefe nicht vor allem ein Diskurs der funktionellen Überlegenheit des Mannes, ein Diskurs, dessen stärkste Argumente sehr geschickt einer Frau in den Mund gelegt wurden? Héloïses »Schwachheit«, die Schwäche, die Frauen so gefährlich macht – »O dauernde und tödliche Gefahr des Weibes«, deklamiert Abaelards Gattin – und die Notwendigkeit begründet, sie im Zaum zu halten, diese Schwäche liegt hauptsächlich in der Willfährigkeit des Fleisches, die den weiblichen Hang zur Wollust schafft. Die junge Héloïse, durch ihren Verführer zur Sinnenlust erweckt – wohlgemerkt wird nirgendwo gesagt, weder hier noch in dem Brief von Roscelin, daß sie von Abaelard gezwungen worden wäre, daß sie sich schüchterner gezeigt hätte als die gefälligen Jungfrauen der Ritterromane –, fällt der Wollust sogleich sklavisch anheim. Wie Cécile Volanges. Sie hat sich nehmen lassen, und schon ist sie, ganz wie Cécile, bis in ihr Innerstes der Leidenschaft verfallen, seit den ersten Erfahrungen von der Glut ihres Körpers besessen, von dem »Stachel im Fleische«, den die Äbtissin des Paraklet gesteht, sich auch neunzehn Jahre nach ihrer Defloration nicht herausreißen zu können. Er plagt sie immer noch. Die Erinnerung an »viel beseligende Süße«, deren Ansturm um so bedrängender ist, »je schwächer die Natur des Menschen, den sie bestürmt«, die »wollüstigen Phantasiegebilde« lassen sie immer noch erbeben, manchmal mitten im Gebet. Ein Geständnis, das um so ergreifender wirkt, als es einer hoch angesehenen Äbtissin unterstellt wird, die obendrein nicht mehr die Jüngste ist. In eben dieser unstillbaren Sinnlichkeit, die dem weiblichen Körper innewohnt, liegt die Gefahr für die Männer, das, was sie ins Verderben zieht. Kaum hat Meister Abaelard den Leib des jungen Mädchens genossen, ist er seiner Sinnenlust vollständig ausgeliefert, ein Gefangener, ein Knecht seiner Begierde.

Vielleicht hätte er sich durch die Ehe aus dem Sündenpfuhl gerettet. Aber Héloïse lehnte ab. Denn so schwächlich sie auch sein mögen, so verletzlich, so hilflos der zehrenden Glut des Fleisches ausgesetzt, haben die Frauen doch einen zweiten Fehler: daß sie von Natur aus ungehorsam sind und sich den Männern, die ihnen den rechten Weg weisen, stur widersetzen. In der Kontroverse, mit der diese Apologie der guten Ehelichkeit beginnt, spielt die junge Héloïse die Rolle des *advocatus diaboli*. Die heftigen Anwürfe gegen den Ehebund, die ihr in Abaelards angeblicher Autobiographie zugesprochen werden – »Rede der nämlichen Jungfrau wider die Ehe« heißt der ursprüngliche Titel dieses Kapitels: eine stoische Rede, gestützt auf Zitate aus den Werken Ciceros und Senecas, die von der Äbtissin des Paraklet im vierten Brief noch einmal aufgegriffen wird –, sind innerhalb dieses komplexen Werks nicht ohne Zusammenhang mit einer weiteren hitzigen Debatte der Intellektuellen des 12. Jahrhunderts: dem Streit um die Frage, ob es den Klerikern, genauer gesagt den Lehrmeistern, denen, die das Wort Gottes kommentieren, erlaubt sein soll zu heiraten? Stürzen diese Männer nicht, indem sie sich beweiben, von dem hohen Rang herab, der ihnen in der Hierarchie der menschlichen Stellungen zugewiesen ist? Héloïse antwortet ohne Zögern: die Ehe entwürdigt den Gelehrten, weil sie ihn der Frau – einer Frau – unterjocht; für ihn ist es eine Schande (*turpitudo*), wenn er sich unterwirft, wenn er bereit ist, sich zu erniedrigen. Aber vergessen wir nicht, daß diese heftige Verurteilung eine dialektische Funktion hat und zugleich unterstreichen soll, daß die starrköpfige Héloïse, die nicht nachgibt, die, nachdem sie Nonne, ja Äbtissin geworden ist, immer noch aufbegehrt und sich nicht scheut, sogar Gott zu schmähen – daß diese Frau das Hemmnis auf dem Weg des Mannes ist, wie alle Frauen eine Fessel, die seine Entfaltung verhindert. Abaelard hat Héloïse den ganzen Weg wie eine Last hinter sich hergeschleppt. Und als er von ferne auf ihren Ruf antwortet, schleppt er sie immer noch, denn sie hat sich immer noch nicht ergeben – und die Briefe sind so angeordnet, daß sie uns die Etappen dieser schwierigen Übergabe genauestens verfolgen lassen.

All die Reden, die Héloïse zugesprochen wurden, ihre empörten Aufschreie, ihre Sehnsucht nach verlorenen Wonnen, ihre Freiheitsansprüche – all das fanden ihre Zeitgenossen sicher nicht bewundernswert, wie wir es heute finden. Im 12. Jahrhundert verstand man alle diese Worte als Beweis für ihre Sünde, für die Schlechtigkeit der Frauen. Sie lieferten die Grundlage, um die Verdienste der beiden Gründer des Paraklet zu rühmen: die Verdienste der Äbtissin, weil sie schließlich über ihre Weiblichkeit gesiegt hat, und die ihres Gatten wegen seiner unablässigen Bemühungen, Héloïse, seine Frau, vor sich selbst zu retten. Sein Ringen war von Erfolg gekrönt, weil es ihm gelang, ihr Herz zur Sublimierung der körperlichen Liebe anzuregen. Der *Briefwechsel* läuft in der Tat auf das gleiche hinaus wie die Meditation des heiligen Bernhard über die Inkarnation: auf die Ansätze der zisterziensischen Mystik, die behauptet, man müsse von der Fleischlichkeit des Menschen, also von seinem Fleisch ausgehen, den Liebestrieb bei seinen körperlichen Ursprüngen fassen, ihn eindämmen und ihn sorgfältig in die rechten Bahnen lenken, damit er endlich zur Triebkraft eines spirituellen Aufstiegs werde. Darüber hinaus enthält der *Briefwechsel* Überlegungen zur Leidenschaft der Frau, die in eine Betrachtung über die »gute Liebe« münden.

In ihren ersten Anfängen hat die Liebe zwischen Abaelard und Héloïse etwas von dem, was wir »höfische Liebe« zu nennen pflegen. Gewiß, Abaelard ist ein Gelehrter. Doch die Pariserinnen sehen ihn – wie Fulco von Deuil in seinem Brief ausdrücklich sagt – als einen »Ritter«, einen jener stürmischen, eroberungslustigen Junggesellen, die, ähnlich Lanzelot, ähnlich den galanten Helden der Ritterromane, beutemachend das Land durchstreifen. Abaelard ist sehr begabt, er hat alles, was den Frauen gefällt, alles, um die Schönen anzuziehen. Die Gründe seines Erfolgs offenbart Héloïse im zweiten Brief: »Alle Frauen, verheiratet oder nicht, verzehrten sich in leidenschaftlicher Gier, wenn Du fern warst, und ihr Blut ging schneller, warst Du zugegen.« Denn du warst schön, du warst berühmt. Aber damit nicht genug: »Zwei Gaben waren Dir vor anderen verliehen, um aller Frauen *animus*« – den animalischen, triebhaften Anteil der Weiblichkeit – »auf der Stelle zu gewinnen: ein Dichter warst Du und ein Sänger... Der Zauber Deiner Lieder war es vor allem, der die Frauen nach Dir seufzen ließ.« Abaelard erscheint hier als ein Troubadour. Diese Lieder, die zu Beginn des 12. Jahrhunderts in ganz Paris gesungen wurden – was übrigens beweist, daß der Minnesang zur Zeit Wilhelms von Aquitanien keineswegs auf Okzitanien beschränkt war, und daß es sicher unzulässig ist, Eleonore und ihre Töchter für die Einführung der sogenannten höfischen Manieren an den Höfen Nordfrankreichs verantwortlich zu machen –, diese Lieder rühmten die Freundin, die Geliebte: »Ein Lied ums andere verkündete Deiner Héloïsa Ruhm der ganzen Welt. Héloïsa klang es Straßen auf, Straßen ab.«

Das alles stimmt vollkommen mit dem höfischen Modell überein, auch der Weg der Verführung – erst Blicke, dann Worte, Küsse, flüchtige Berührungen –, nur an der letzten Feinheit ließ Abaelard es fehlen: der Dichter setzte sich über die Regel der Zurückhaltung hinweg. Aber der tiefere Unterschied liegt nicht darin, sondern in der Tatsache, daß dieser Liebhaber nicht, wie Bernard de Ventadour, nur das ungestillte Begehren besang. Sein Lied verstummte nicht, als er im Besitz der Beute war. Im Gegenteil, es schwoll an, wurde ein Siegeslied. »Da die meisten Lieder unser Liebeserleben besangen, … weckten sie in vielen Pariserinnen die Eifersucht«, schreibt die Äbtissin des Paraklet. Sie waren neidisch – und was neideten sie ihr? Héloïse sagt es unmißverständlich: die »Wonnen«, die Bettfreuden. Diese Art des Liebens weicht ganz offensichtlich insofern von dem höfischen Muster ab, als die Glut das erfüllte Vergnügen überdauert. Zwar gibt Abaelard in seinem Bekenntnis zu, nach der Aufdeckung des Abenteuers – nachdem er die Geliebte zur verstohlenen Niederkunft in die Bretagne und dann die Ehefrau ins Kloster von Argenteuil geschickt hatte – habe die »Getrenntheit der Körper« zu einer engeren »Seelenverbindung« geführt. Doch er korrigiert sich unverzüglich: die *gaudia*, die Wonnen des Fleisches, sagt er, erschienen ihm um so lebhafter, je seltener sie waren. Letztlich ist die ganze Geschichte, Étienne Gilson hat es gesagt, »eine Affäre ungebremster Lüsternheit«. Sie zeigt die rohe Wahrheit der Beziehungen zwischen Mann und Frau an der Spitze der Pariser Gesellschaft: das Lied als Mittel der Betörung, der höfische Umgang als ein Schmuck, ein Schleier, der aber die Wirklichkeit, das heißt die schiere Genußsucht, kaum verdeckt.

Wenn in diesem Briefroman die Begierde und die Lust nicht abflauen, nachdem der Mann die Umworbene besessen und alle Wonnen ihres Leibes genossen hat, so weil die Ehe hier – anders als nach dem klassischen Schema der höfischen Liebe und im Gegensatz zu dem, was Paul Zumthor 1979 im Vorwort zu einer volkstümlichen Ausgabe des *Briefwechsels* schrieb – kein Hindernis darstellt, das die Liebeslust verbietet. Die körperlichen Wonnen erlöschen nicht in dieser Ehe, sie werden noch geschürt. Héloïse sagt, nach der Trauung sei ihre Liebe in Wahnsinn umgeschlagen, und die Liebe, von der sie spricht, ist nicht nur Herzensliebe. »Du hast mich so eng an Dich gebunden, weil ich immer von maßloser Liebe ergriffen war.« Ich finde es bemerkenswert, in diesem erbaulichen Text mitten im 12. Jahrhundert – um die gleiche Zeit, da die Gestalt der verliebten, aber bußfertigen Maria Magdalena zur Unterdrückung der sündigen Sexualität herangezogen wurde – Stimmen zu hören, die behaupten, daß die physische Bindung der Frau an den Geliebten und die anhaltende Glut der geteilten Sinnesfreuden die regulierende Funktion der Ehe vollenden können, sofern der Ehebund die Gattin der Macht des Mannes unterwirft, »einziger Besitzer... sowohl ihres Leibes als auch ihrer Seele«. Einmal verheiratet, gehört Héloïse nicht mehr sich selbst. Sie hat sich ganz und gar gegeben. Sie erwartet nichts dafür, daß sie allen Eifer dareinsetzt, nicht mehr ihre eigenen, sondern die »Wollüste« oder den »Willen« ihres Herrn zu befriedigen. Eine Frau im Zustand absoluter Unterwerfung. Im Licht dieser Untertänigkeitserklärung ist auch eine andere Stelle dieses vierten Briefes zu interpretieren. Wenn Héloïse sagt, sie wolle lieber »Dirne oder Hure« heißen – sie verwendet das gleiche grobe Wort wie Roscelin –, als den Titel »Ehefrau« zu führen, will sie sich noch mehr erniedrigen. Sie will aber auch, daß bei aller Stärke, aller Würde der Stellung einer Ehefrau die Zärtlichkeiten, die fröhliche Hingabe der »Freundin« erhalten bleiben. Was eine gute Ehe ausmacht, ist also die Unterordnung der Gattin – aber in Verbindung mit der Glut der Liebenden – unter der Bedingung, daß diese Liebe frei und selbstlos ist. Aus diesem Grund hat die Äbtissin des Paraklet im zweiten Brief gerechtfertigt, daß sie einst die Liebe der Ehe, die Freiheit den Ketten vorgezogen hat: die »schöne Liebe« soll von jeder Lüsternheit verschont bleiben.

Eben darin besteht die große Lektion dieser spirituellen Schrift: die Ehe kann auch der Tiegel sein, in dem sich *amor*, die lüsterne Begierde, ohne den geringsten Kraftverlust in *dilectio* verwandelt, ein reines Streben der Seele. Wegbereiter dieser Alchimie ist natürlich der Ehemann, der Führer, der Meister – in diesem Falle Abaelard, als erster und wider Willen durch die harten Prüfungen geheilt, die der Herr ihm geschickt hat. Als er nach dem Eintritt ins Kloster von Saint-Denis wieder lehren durfte, tat er es nicht mehr, um Geld und Ruhm zu erlangen, sondern er tat es »um der Liebe Gottes willen«. Und was sein heftiges Verlangen nach Héloïses Körper betrifft, so erfuhr es eine ähnliche Umwandlung. *Cupiditas*, die Begierde zu nehmen und zu genießen, wich allmählich der *amicitia*, jener freien, großherzigen und – so auch von Héloïse angestrebt – uneigennützigen Gabe seiner selbst, jener wechselseitigen Verehrung, jener Treue, jener Entsagung, die sehr hoch in der Werteskala der Gelehrten und Gebildeten rangierten, die im Zuge der humanistischen Renaissance des 12. Jahrhunderts wieder Cicero und die Stoiker lasen. Abaelard, der Gewissensrat, zeigt sich im fünften Brief bereit, Héloïses Erwartung zu entsprechen und diejenige, die sich ihm so dringlich als seine Gattin in Erinnerung ruft, seine »Freundin« zu nennen. Er gebraucht dieses Wort, um sie zu überzeugen, daß sie wohl seine Gattin ist, ihr Geliebter aber jetzt Christus heißt, und daß er selbst, der irdische Gemahl, nur noch die Aufgabe hat, ihr zu dienen wie ein guter Ritter seiner Dame. Er gebraucht es, um zu bekräftigen, daß sie, wie Petrus Venerabilis in seinem Brief sagt, in »der göttlichen Liebe« vereinigt sind, »jetzt enger verbunden in einer geistig gewordenen Liebe«, die ihre Erfüllung in der Freundschaft findet. Kaum hat die liebende Héloïse das begriffen, streckt sie auch schon die Waffen. Schluß mit ihren leidenschaftlichen Aufschreien, die den Zeitgenossen, darauf können wir uns verlassen, als verabscheuungswürdiger Ausdruck weiblicher Falschheit und Ruchlosigkeit in den Ohren klangen. Sie schweigt. »Rede, Herr, denn Deine Mägde hören.« Diese Worte beschließen den letzten Brief der Äbtissin des Paraklet. Sie bezeugen, daß Héloïse sich untergeordnet hat, daß es ihr doch noch gelungen ist, sich zu kastrieren: »Ich habe mir alle Freuden untersagt, um Dir zu gehorchen.« Durch den Mann, dem sie einst ihren Körper hingegeben hat, dessen Gattin sie geworden ist und dessen *voluntas*, dessen männliche Kraft sie schließlich – weil sie in ihrer Liebe standhaft blieb – zur Abkehr von der Wollust brachte, der *voluptas*, jenem Aufgehen in Sinnlichkeit, das die Frauen schwach und gefährlich macht, wird Héloïse gerettet. Nicht zu Unrecht hat Jean Molinet sie im 15. Jahrhundert in seinem Kommentar zum *Briefwechsel* als eine Allegorie der sündigen Seele gedeutet, der die Gnade der Erlösung zuteil wird, als sie endlich zur Demut bereit ist.

Indem wir uns bemüht haben, uns diesem ergreifenden Text sehr behutsam zu nähern, ihn so zu lesen wie die Zeitgenossen, für die er geschrieben war, sehen wir schließlich alle Widersprüche zwischen der Héloïse des *Briefwechsels* und der Héloïse, die Petrus Venerabilis zu trösten suchte, schwinden. Die wahre Héloïse ist in der Tat die »sehr weise« Héloïse des Gedichts von François Villon. Die gebildete, ja hochgebildete Frau, die, als sie ihre Briefe schrieb – wenn sie denn von ihr geschrieben wurden –, ihre herzzerreißende Liebe am besten durch Verse von Lukan auszudrücken glaubte. Die empfindsame, sinnliche Frau, die aber ihre Sinnlichkeit in Stärke wandelte, da eben diese Glut am Urgrund ihrer weiblichen Natur sie, wie Petrus Venerabilis sagt, über die profane Weisheit hinaus zur wahren Philosophie gelangen ließ, das heißt, zur Liebe Christi. Héloïse, Vorbild und Trost für alle Edelfrauen, die einvernehmlich mit dem Ehemann im Alter ins Kloster eintraten und von denen sich einige Glückliche vielleicht nach den Wonnen zurücksehnten, die sie im Brautbett hatten genießen dürfen. Ein Vorbild auch für die Männer, um sie ihrer Trägheit, ihrer Selbstgefälligkeit zu entreißen. Lehrte Héloïses Geschichte sie nicht – genau wie die der Maria Magdalena –, daß die überströmende, in Tugend aufgegangene Liebe den Leib einer Frau, so schwach und von Begierde durchdrungen er auch sein mag, reiner und unanfechtbarer machen kann als den eines Mannes?

ISOLDE

ISOLDE

Denis de Rougemont hat es gesagt, andere haben es wiederholt – und es stimmt: Das Europa des 12. Jahrhunderts hat die Liebe entdeckt, die profane Liebe und die mystische zugleich. Nicht ohne Not und ohne Notwendigkeit: der heftige Aufschwung aller Dinge drängte unwiderruflich auf eine rasche Veränderung der Sitten, und in den vornehmsten Adelskreisen stellte sich ein Problem, das die Frauen oder, genauer gesagt, die Liebesverbindungen betraf. Die feine Gesellschaft legte einige Roheit ab. Eine neue Ordnung bildete sich heraus. Welchen Raum sollte man der Liebe, der körperlichen Liebe, überlassen, ohne diese Ordnung zu gefährden? Welchen Platz der Begierde und ihrer zulässigen Befriedigung einräumen?

Im Nordwesten Frankreichs, einer der am weitesten entwickelten Regionen Europas, hatte sich diese Frage aus zwei Gründen früher und mit besonderer Schärfe gestellt. Zum einen wegen der Familienpolitik der mächtigen Adelsgeschlechter in diesen Gegenden: ihr Bestreben, immer nur einen der Söhne zu verheiraten, um bei der Erbfolge eine Fragmentierung der angestammten Güter zu vermeiden, brachte die große Mehrheit aller männlichen Erwachsenen um die Möglichkeit einer rechtmäßigen Ehe. Neidisch auf die, die eine Frau besaßen, träumten sie davon, selbst doch noch eine zu bekommen oder, wenn nicht, sich mit Gewalt eine zu nehmen. Ungeduldig harrten sie der Stunde ihres Glücks. Sehr lange oft. So war Wilhelm Marschall, Vorbild aller Ritter, mit fast fünfzig Jahren immer noch unverheiratet, und die meisten seiner Gefährten blieben es bis zu ihrem Tod. Gierig strichen sie um ihre Beute, die Frauen, in der Hoffnung, endlich einen Fang zu machen. Zu einer Zeit, da die Strukturen des politischen Unterbaus erstarkten, da die Fürsten sich nach Kräften bemühten, die Ritterschaft zu bändigen und im Zustand des Friedens zu halten, sie an den Höfen um sich zu scharen, eingebunden in jene großen mondänen Versammlungen, die gerade von der verlockenden Anwesenheit des weiblichen Geschlechts geprägt waren, stellte ein solches Gedränge hitziger oder stiller Verfolger um die Damen und die Edelfräulein einen Faktor der Unordnung dar, den es mit allen Mitteln einzudämmen galt. Als zweiter Grund kommt hinzu, daß die Kirche sich in der gleichen Zeit, während der zweiten Hälfte des 12. Jahrhunderts, in eben diesem Teil Europas nachdrücklich befleißigte, die herrschende Klasse von innen her zu christianisieren. Indem sie polygame und inzestuöse Ehen verurteilte, gelang es ihr, ihrem eigenen kirchlichen Ehebegriff beim Adel Geltung zu verschaffen. Während sie dem Klerus strenge Enthaltsamkeit auferlegte, wollte sie die für den Fortbestand der Gattung unerläßliche Ausübung der Sexualität unter den Laien auf ein Minimum im Rahmen einer enggefaßten und geheiligten Ehelichkeit beschränken. Der Widerspruch liegt auf der Hand: die Ehe sollte der einzig zulässige Ort einer sexuellen Triebabfuhr sein; gleichzeitig aber blieb die

Ehe fast allen Männern verwehrt. Ein Widerspruch, der im Geiste aller Zeitgenossen, ob Priester oder Krieger, die Überzeugung nährte, die Frau stelle einen gefährlichen Keim der Unordnung dar und es sei dringend geboten, diese Gefahr durch einen Verhaltenskodex zu bannen, der die Beziehungen zwischen Mann und Frau bestmöglich regelte.

Die Besorgnis um dieses Problem schlägt sich in vielen Zeugnissen verschiedenster Art nieder. Zu denen, die am klarsten Auskunft geben, zählen die Stücke der Unterhaltungsliteratur, die zur Zerstreuung der Hofgesellschaft verfaßt wurden, in einer Sprache also, die diese Gesellschaft verstand, der romanischen Sprache – der Sprache der »Romane«. Mündlich ausgedrückt und dem Publikum durch professionelle Vortragskünstler nahegebracht, hatte diese Literatur in der Tat eine pädagogische Funktion. Sie vermittelte jene Moral, die die fürstlichen Mäzene – die zu eben diesem Zweck in ihren Häusern Dichter unterhielten, deren Werke sie als Schauspiel inszenieren ließen – verbreitet wissen wollten. Fast alle derartigen Stücke sind heute verloren; aber zum Glück wurden einige, die am meisten Bewunderung fanden, transkribiert und überliefert. Diese wenigen Texte lassen uns ahnen, wie das Denken und Handeln der »Mondänen« dieser Zeit ausgesehen haben mag: die Romane sind Spiegel, in denen man die Zuhörer erkennt. Sie liefern ein recht getreues Bild, da sie ähnlich den Heiligenleben die Aufgabe hatten, in unterhaltsamer Weise gutes Benehmen zu lehren. Ihren Helden schrieben sie infolgedessen Gefühle und Haltungen zu, die sich zwar in dem Maße, in dem auch geträumt werden sollte, etwas vom alltäglichen, vom wirklichen Leben entfernten, diesem jedoch, damit das Beispiel der Helden nachahmbar blieb, nicht allzu unähnlich werden durften. Spiegel sind sie auch, weil das Verhalten der Ritter der Tafelrunde und das der von ihnen umworbenen Frauen tatsächlich imitiert wurde. Alle, die dieser Literatur begeistert lauschten, neigten zur Nachahmung der ihnen vorgeführten Art, zu denken, zu fühlen und zu handeln.

Zwischen 1160 und 1180 wurde die fruchtbarste Arbeit der literarischen Schöpfung an den Höfen geleistet, die der König von England, Heinrich II. Plantagenet, unterhielt, vor allem in Anjou, in der Normandie und im Herzogtum Aquitanien, dessen Oberhaupt er dank Eleonore, seiner Ehefrau, geworden war. Von den Versammlungen, die unter seinem Vorsitz stattfanden, gingen die neuen Moden aus. Zur Belustigung und zur Belehrung der Ritter, die er um sich scharte, und der jungen Leute, deren Erziehung er in seinem Hause überwachte, beauftragte er die in seinen Diensten stehenden Dichter mit der Behandlung eines Themas, das alle diese Männer berührte: die konfliktreiche Beziehung zwischen der männlichen Begierde und ihrem Objekt, der Frau – der wohlgeborenen Frau natürlich, der Dame. Die Dichter nahmen sich des Themas auf unterschiedliche Weise an, sei es, indem sie die »feine Liebe«, die wir heute »höfisch« nennen, in lyrischen Ergüssen besangen, sei es, indem sie Erzählungen der klassischen lateinischen Autoren adaptierten, auf ihre Art die Liebesabenteuer des Achilles oder des Äneas preisend, oder schließlich – und dies war das neueste – indem sie die *matière de Bretagne*, einen aus keltischen Traditionen überlieferten Sagenkreis, zur Grundlage ihrer Arbeit machten.

Allem Anschein nach hatten Barden diese Sagen etwa dreißig Jahre vorher aus Cornwall oder Wales mitgebracht und in der Umgebung Heinrichs I., des Großvaters von Heinrich II. Plantagenet, ebenfalls Herzog der Normandie, bekanntgemacht. An seinem Hof waren ihre Rezitationen mit großer Begeisterung aufgenommen worden – ungefähr so, wie bei uns der *Reggae* oder der *Salsa*, und aus den gleichen Gründen: sie versetzten das Publikum in eine fremde Welt, verhießen ein Anderswo voller Überraschungen, sie sprengten die Gewohnheiten und ließen das Leben in einem neuen Licht erscheinen. Die faszinierendsten dieser Geschichten erzählten von der Liebe. Aber von einer wilden, unzähmbaren, rasenden Liebe. Oder vielmehr von der rasenden Begierde, jener geheimnisvollen, unwiderstehlichen Kraft, die einen Mann und eine Frau in unstillbarem Verlangen nach körperlicher Verschmelzung aneinander bindet. Ein so unbändiger, mächtiger, so unkontrollierbarer Trieb, daß er – ähnlich dem unerklärlichen plötzlichen Tod, der damals gern mit der Wirkung eines Zaubertranks erklärt wurde – die Menschen rein zufällig, blindlings zu überfallen schien, durch Hexerei herbeigeführt. Im Mittelpunkt des Abenteuers stand daher stets der Liebestrank, ein Gebräu, eine Zaubermischung, ein »Kräuterwein«, dessen Ingredienzen nur die Frauen kannten und einander heimlich weitersagten. Wer immer schicksalhafterweise einen solchen Trank einnahm, blieb in dessen Wirkungen gefangen. Niemand konnte sich seiner Macht erwehren, solange sich die ihm innewohnenden Kräfte nicht verflüchtigt hatten. Die unseligen Folgen einer auf diese Weise entstandenen und daher unbeherrschbaren Begierde aufzuzeigen, war ein geeignetes Mittel, in der höfischen Gesellschaft ersprießliche Gedanken über die Ordnung und die Unordnung anzuregen, insbesondere über den Störfaktor, dessen Ursache in der Ausgelassenheit der Sexualität besteht.

Nach und nach kristallisierten sich die verstreuten Elemente der Sage um eine einzige Heldengestalt, die Gestalt des vollkommenen Ritters: Tristan. Eine männliche Figur, wohlgemerkt. Für diejenigen, die zuerst von dieser Geschichte hörten, ging es nicht, wie für uns, um Tristan und Isolde, sondern um Tristan allein: »Tristanroman«, so nannten sie das dichterische Werk, das ihnen davon erzählte. Kein Wunder, wurde doch die gesamte Ritterliteratur ausschließlich von Männern und hauptsächlich für Männer geschrieben. Alle ihre Helden sind männlichen Geschlechts. Die Frauen, wenngleich unerläßlich für die Verwicklungen des Liebesabenteuers, nehmen nur zweitrangige Rollen ein.

Der Bericht über Tristans Heldentaten beginnt – wie viele Heiligenleben, die von den Mönchen dieser Zeit verfaßt wurden, wie auch Abaelards Autobiographie – mit einer Erinnerung an den Mann und die Frau, die sich vereinigten, um den Helden zu zeugen, und in deren Schicksal sich das seine abzeichnet, das anschließend von der Geburt des Helden bis zu seinem Tod geschildert wird. Dieser geraden Linie folgt das Abenteuer. Zweimal zum Kampf gegen monströse Ungeheuer angetreten, die er beide Male besiegt, durch seinen Sieg ein Volk aus der Knechtschaft befreiend, wird Tristan zweimal verwundet und zweimal von einer Frau geheilt. Im Hintergrund dieser wunderbaren Heldentaten das Meer, und irgendwo am Horizont Irland – der ferne Westen für die Ritter Europas, Projektionsfeld ihrer Phantasien. Ist es Zufall, daß die Dichter, um ihr Auditorium zu fesseln – diese Ritter, diese Krieger, die, schon in zartester Kindheit den Armen der Mutter, dem Reich der Frauen entrissen, seither in Männergesellschaft lebten und denen das Weibliche fremdes Territorium geblieben war, das Unbekannte, dem ihre ganze Sehnsucht galt –, ist es Zufall, daß sie Tristan einer Frau zuführen, die aus nebelhafter Ferne stammt, und daß das gefährliche, das unberechenbare Meer, Ort der Trennungen und Überfahrten, in der Fiktion eine so wichtige Rolle spielt? Tristan befindet sich auf dem Meer, an Bord des Schiffes, das ihn nach Cornwall bringen soll, um Isolde ihrem künftigen Gemahl, König Marke, zu übergeben, als er durch ein Versehen den Liebestrank mit ihr teilt – ein Gebräu, wie es die besorgten Mütter am Vorabend der Hochzeit zubereiteten, damit ihre Töchter wenigstens einige Zeit in den Armen des Gemahls Erfüllung fanden. Unverzüglich, in Begierde entbrannt, nimmt Tristan noch auf dem Meer Isolde in Besitz. Fortan kann er auf diese Frau nicht mehr verzichten, auch nicht, nachdem sie die Gattin eines anderen geworden ist, und trotz der vorzüglichen Liebe, die er dem König, seinem Onkel mütterlicherseits, von Natur aus entgegenbringt, trotz der eifersüchtigen Nachstellungen, trotz aller Fallen, in die man das Liebespaar zu lokken sucht – ein Rasender, der, einmal entdeckt, mit seiner Beute in den Wald entflieht, um die Liebe wild auszuleben – so heftig, heißt es in dem Gedicht, daß die Körper ganz »zerschunden« sind. Wieder ist das Meer da, als Tristan, der Isolde an Markes Hof hat zurücklassen müssen, eine andere Isolde in der trügerischen Hoffnung heiratet, sich dadurch von seiner Begierde nach der ersten zu befreien. Diese erste, die wahre Isolde, fährt zu ihm übers Meer, nachdem Tristan, abermals verwundet, sie gerufen hat, ihn ein drittes Mal zu heilen. Das tückische Meer hält Isolde fest, und als sie endlich landen kann, ist Tristan nicht mehr, er hat sich sterben lassen.

»Meinetwegen habt das Leben Ihr verloren,
so will ich denn Euch eine wahre Freundin sein,
Euretwegen will ich gleichfalls sterben.«

Auch Isolde stirbt. Aber nicht etwa aus Begierde, sondern, wie es altfranzösisch heißt, *de tendrure*, aus Zärtlichkeit.

Der Roman hatte einen spontanen, einen umwälzenden und einen dauerhaften Erfolg. Von dem Ort aus, an dem die ursprüngliche Sage begeistert aufgenommen und bearbeitet worden war, vom anglonormannischen Hof, diesem Brennpunkt der ritterlichen Kultur, verbreitete sich dic schöne Geschichte über ganz Europa, angefangen mit Deutschland, in dem Kaiser Friedrich Barbarossa die Sitten und Gewohnheiten der Ritterschaft zu verwurzeln suchte. Um 1230 wurde in Frankreich der Faden weitergesponnen und mit zahllosen schillernden Arabesken einer endlosen Prosafassung des *Tristan* umwirkt. Ein halbes Jahrhundert später verfiel Italien dem Charme der tristanschen Liebe. Dieser Charme hat seine Zauberkraft über Jahrhunderte hinweg bewahrt und ist auch heute bei weitem nicht erloschen. Die Tristan-Geschichte, darin stimmen alle überein, ist fest im Herzen einer spezifisch europäischen Mythologie verankert.

Um diese Geschichte in ihrem ersten Erwachen zu genießen, müssen wir versuchen, sie bei der Quelle zu fassen, uns an die ältesten Spuren halten, die auf uns überkommen sind: an die Gedichte, deren Blüte Heinrich Plantagenet, während er Irland zu unterwerfen trachtete, in den siebziger Jahren des 12. Jahrhunderts begünstigte – zur gleichen Zeit, in der die Pariser Kathedrale Notre-Dame ihren Chor erhielt, in der Benedetto Antelami ein Relief der Kreuzabnahme für den Dom von Parma schuf, in der – wenige Jahre vor der Geburt des hl. Franz von Assisi – die Häresie der Waldenser um sich griff. Von diesen Reimdichtungen, die sich des damaligen, in der Welt der feinen Leute diesseits wie jenseits des Ärmelkanals gebräuchlichen französischen Dialekts bedienten, der heute leider nur noch von kundigen Philologen direkt gelesen werden kann, sind uns nur Bruchstücke erhalten, mit Ausnahme des *Geißblattlai* der Marie de France, das aber, elegant geschrieben, nur eine einzelne Episode behandelt. Haben Beroul und Thomas, die Autoren der wichtigsten Fragmente, die Geschichte je ganz erzählt, vom Anfang bis zum Ende, wie Bruder Robert es in *Tristrams Saga* tat, die er für den norwegischen König Haakon Haakonsson anfertigte? Jedenfalls sind von den Versionen, die Beroul und Thomas komponiert haben, heute nur – und das scheint mir bemerkenswert – die aufregendsten Szenen erhalten, diejenigen, die das Publikum am ehesten ergreifen, weil sie einen Mann und eine Frau in rasender Liebe entbrannt zeigen.

Im Lauf der Zeit hat sich die Aufmerksamkeit unmerklich verschoben und immer stärker der weiblichen Figur zugewandt, der Gestalt Isoldes, die in der Wagner-Oper, im Film von Jean Cocteau den Tristan schließlich ganz in ihren Schatten stellt, obwohl doch im ursprünglichen »Tristanroman« alles Licht auf den männlichen Helden fiel und man sich durchaus fragen kann, ob das Pulikum nicht ebenso oder gar mehr erbebte, wenn ihm die kriegerischen Heldentaten dieses vollkommenen Ritters minutiös vor Augen geführt wurden, als wenn die Dichter seine wilde Begierde und seine unauflösliche Bindung an die Geliebte besangen. Wie dem auch sei, ich kenne kein anderes Werk der profanen Literatur des 12. Jahrhunderts, in dem die Frau einen so wichtigen Platz im Spiel der Liebesintrige einnähme, in dem die weibliche Person so differenziert, so feinsinnig, ja man muß schon sagen: zartfühlend beschrieben würde, von den Worten liebkost, die der Autor für sie wählt. Diese herausragende Stellung verdankt Isolde den Wirkungen des Zaubertranks. Auch sie hat davon getrunken. Sie hat ihn mit Tristan geteilt, und die Folge war nicht nur, daß sie dem Helden in die Arme sank, sondern auch – und das machte dieses Abenteuer so verwirrend –, daß ihre Begierde der seinen gleichberechtigt gegenüberstand und sich somit über ein ganzes Wertsystem hinwegsetzte, das beharrlich auf die Unterordnung des Weiblichen unter das Männliche pochte. Gewiß, die kühnsten Denker dieser Zeit verlangten eine solche Gleichstellung der Brautleute in dem Moment, da sie Hand in Hand den Ehebund schlossen. Und hat Abaelard nicht sogar erklärt, er habe Héloïse auch nach der Hochzeit immer als Gleiche empfunden, wenn sie nackt ins Ehebett gestiegen seien? Nun ist Isolde aber nicht Tristans Gemahlin. Dennoch ist sie ihm ebenbürtig – gegen alle Sitten, gegen alle Vorschriften, gegen die Gesellschaftsmoral: nirgendwo in all den Zeugnissen von damals wurden die für den Adel so brennenden Fragen nach der Stellung der Frau derart eindringlich und freizügig behandelt.

Die Dichter, die sich des Tristan-Themas annahmen, wollten gefallen – zuerst ihrem Herrn, dann ihrem Publikum. Sie waren darum allesamt bemüht, mit der Gestalt Isoldes ein Frauenbild zu präsentieren, das den Phantasien der Hofgesellschaft entsprach. Und sie beherrschten ihre Kunst, sie verstanden es, den Saiten die gewünschten Töne zu entlocken – was wäre sonst von ihrem Werk geblieben? Diese Verse, die sich der Interpret bei jedem Vortrag neu aus dem Gedächtnis rufen mußte, diese Worte, die von Mund zu Mund flogen, hatten beste Aussichten, verlorenzugehen. Erhalten sind sie nur, weil sie dem Publikum gefielen, weil die Geschichte bei denen, die sie hörten, Begeisterung hervorrief. Eben das macht die Erzählung dieses Abenteuers zu einem Fundus, der uns erlaubt, weniger unzuverlässig als mit anderen Mitteln ein Bild wiederherzustellen, das sehr schwer wahrnehmbar ist: das Bild, das man sich zwischen 1170 und 1180 an den anglonormannischen Höfen, dort, wo das Gesellschaftsleben seinen Schliff erhielt, von der Frau und von der Liebe machte. Und da jeder der Autoren – Thomas, Beroul und die anderen – eine eigene Vorstellung von Isolde hatte, ihr bestimmte Züge, einen bestimmten Ton, bestimmte Haltungen verlieh, da jeder, um die Weiblichkeit unter allen ihren Aspekten zu zeigen, zwei Nebenfiguren hinzuzog, die Zofe der Königin und die andere Isolde, Isolde Weißhand, die Gemahlin des Helden, erscheint die Frau in diesem Gedicht vielfältig, so daß es dem Historiker sogar möglich ist, sie unter verschiedenen Blickwinkeln zu sehen.

Allen, ob jung oder alt, verheiratet oder Junggesellen, ja auch den Frauen der höfischen Gesellschaft, bot Isolde ein exemplarisches Bild der Weiblichkeit. Isolde ist eine Dame. Mehr noch: sie ist eine Königin. Königlich hat sie ihre Laufbahn als Frau beschritten. Tochter eines Königs, Erbin eines Königreichs, haben ihr Vater und ihre Mutter sie einem anderen König gegeben. In der Blüte ihrer Jugend thront sie neben dem Herrn an jenem zentralen Ort des Fürstenhofs, auf den alle Blicke, alle Gesten der Verehrung, alle Begehrlichkeiten gerichtet sind. Isolde ist schön. Sie ist die Schönste »von hier bis zu den Grenzmarken Spaniens«. Ihr Antlitz erstrahlt vor Licht: leuchtende Augen, glänzendes goldblondes Haar, ein frischer Teint. Die Gedichte rühmen die Anmut ihres Körpers, doch sie enthüllen ihn nicht. Züchtig, sprechen sie keine Einzelheiten ihrer körperlichen Reize an – nie. Als die Königin, vom Hof umjubelt, zu Pferde unter den Rittern einhersprengt, bleibt ihr Köper unter der prachtvollen Aufmachung verborgen, die, ausgiebig beschrieben, nur seine Geschmeidigkeit ahnen läßt und seine Verführungskraft gerade dadurch verstärkt, daß sie die Formen nicht preisgibt. Und als Tristan, fern der Geliebten, eine Statue von ihr fertigen läßt – ähnlich denen der Heiligen oder Königinnen, die damals in den Vorhallen der Kathedralen aufgestellt wurden, um die Verehrung der unerreichbaren Geliebten in einer Art Heiligtum der »feinen Liebe« auf dieses Bild zu lenken –, geht die Beschreibung auch hier nicht über den Mantel hinaus. Was übrigens an diesem Körper gefällt, ist sein stattlicher, robuster Bau. Stellen wir uns Isolde nicht so grazil und wendig vor wie die Jungfrauen der Bildhauerei des 14. Jahrhunderts, wie die gezierten Damen, die sich in den Obstgärten der *Très Riches Heures* ergehen. Sie ist von einer herben Schönheit. Die Krieger und die Jäger, die als erste für diese imaginäre Frau erglühten, liebten das Derbe, das Kräftige. Als weibliche Tugend erwarteten sie Ausdauer und Festigkeit. Sie wünschten sich Gefährtinnen, die zu endlosen Umritten imstande waren, die ihre Fäuste zu gebrauchen wußten wie Isolde, die in dem Gedicht einem falschen Ratgeber prompt die Zähne einschlägt, ganz nach der Art, in der die Hausherrinnen dieser Zeit den Ungehorsam ihrer Mägde zu bestrafen pflegten. Isoldes Körperbau ist dazu geschaffen, ihrem Gatten sehr tapfere, sehr forsche künftige Könige zu schenken: das wäre ihre Vollendung. Denn für eine Gesellschaft, deren Grundgerüst die dynastischen Strukturen waren, gelangte die Weiblichkeit erst in der Mutterschaft zu ihrer ganzen Fülle. Mütterlich ist Isolde durch einen Zug, den die keltischen Sagen ihrer Persönlichkeit verliehen haben: mit einer geheimnisvollen Kraft begabt, lindert sie Schmerzen, sie beruhigt, sie heilt, trostspendend wie die Mutter, nach der die jugendlichen Ritter in ihrem tiefsten Inneren eine ungestillte Sehnsucht hegten wünschend, daß die Dame, die Gemahlin des Herrn, bei dem sie ihre Lehrjahre verbrachten, ihren Platz einnähme. Eine mögliche Schwangerschaft Isoldes wird in dem Bericht selbstverständlich nicht erwogen. Es war ausgeschlossen, auch nur ein Wort darüber zu verlieren. Die Struktur der Liebesintrige verbot es ebenso wie die allgemeine Meinung, die größten Wert darauf legte, eine ehebrecherische Frau mit Unfruchtbarkeit geschlagen zu sehen: nicht nur, um sie zu bestrafen, sondern auch, damit sie keine Bastarde zur Welt brachte – der Schrecken aller Familienoberhäupter der damaligen Zeit.

Weil Isolde ihren Gatten betrog, weil König Marke nicht der einzige war, der sich ihres Körpers erfreute, bot sie den zahlreichen Rittern, denen eine eigene Frau verwehrt geblieben war, ein Bild, das ihnen wohl gefallen mochte: das Bild der vollkommenen Partnerin des Liebesspiels. Schnell entflammt, umstandslos bereit, sich unter den Baldachin, hinter den Bettvorhang führen zu lassen, fürchtet sie zwar den Zorn ihres Gatten, sie zittert, doch ihre Lust an den Wonnen der Liebe obsiegt. Beherzt wehrt sie Gefahren ab, entzieht sich hinterhältigen Nachstellungen und übelwollenden Blicken. Wird sie entdeckt, greift sie zur List. Sie versteht es, zu lügen. Und sie lügt gut, mit Worten spielend, um nicht meineidig zu werden. Sie spottet der Ehemänner, die den Fehler machen, eifersüchtig zu sein und ihre Frau zu streng bewachen. All den jungen Abenteurern, die, neue Lanzelots, vom heimlichen Genuß dieser begehrenswerten Körper träumten, deren Reize sie unter den Gewändern der ihnen verwehrten Damen ahnten – all diesen jugendlichen Rittern gefiel Isolde sehr: sie gefiel, weil sie verdorben war.

Dies ist der Punkt, an dem wir uns vorsehen müssen, uns beim Lesen des Romans – ähnlich wie bei Héloïses Briefen – nicht irreführen lassen dürfen. Tristan ist der Held, der Sympathie genießt. Doch für Isolde, deren Funktion in der Erzählung darin besteht, die männlichen Tugenden zur Geltung zu bringen, empfand das Publikum des 12. Jahrhunderts sicher nicht das gleiche Wohlwollen wie wir. Wir müssen uns klarmachen, welche Komik die Geschichte damals enthielt: die höfische Gesellschaft brach in schallendes Gelächter aus, wenn Beroul vorgetragen wurde. Sie lachte über den gehörnten König – und hinter der Gestalt von König Marke tauchte die Ludwigs VII. auf. Sie lachte über die schändlichen Streiche, die ihm von den beiden Liebenden gespielt wurden. Ich bezweifele jedoch, daß sie immer für Isolde Partei ergriffen hätte. Applaudierten nicht viele – und vor allem natürlich die verheirateten Männer –, wenn sie hörten, wie Brangäne, die Zofe, ihre Herrin tadelte, wie sie Isolde der rasenden Liebe, der Schlechtigkeit, der Hurerei zieh und König Marke schuldige Nachsicht vorwarf: er hätte sich rächen, die Verräterin auf den Scheiterhaufen bringen und wenigstens seine Ehre verteidigen müssen. »Betrügerei«, »Schleckerei«: Falschheit im Dienste der Wollust. Isolde, die »Natter«, die Schlange. Sie verkörpert die Gefahr, die von den Frauen ausgeht, das Übel, den Keim der Sünde, den unvermeidlich alle Töchter Evas in sich tragen, den verfluchten Teil der Weiblichkeit. Für die Männer am Hof Heinrichs II. Plantagenet war die Frau eben auch das – die »Schwachheit«, die unwiderstehliche Neigung, sich der Lust hinzugeben. Tristan dachte wie sie. Er hatte keinen Zweifel: die blonde Isolde war glücklich und glühend, wenn sie König Marke in den Armen lag. Was sie brauchte, war ein Mann. Aus Verdruß und in dem Glauben, daß die Freude genügen wird, um ihn von seiner Begierde zu heilen, beschließt Tristan, seinerseits zu heiraten. Natürlich irrt er sich. Bei weitem nicht erloschen, beraubt ihn »die Begierde nach der Königin«, aller Fähigkeiten gegenüber der hübschen Jungfrau, die ihm im Brautbett entgegenfiebert, die das Fiasko, das »Zurückziehen« nicht erträgt, die wütet, weil sie vernachlässigt wird, die gleichzeitig vor Schmach und vor unbefriedigter Begierde brennt. Einer weiblichen Begierde, die stürmischer, rachsüchtiger ist als die männliche:

»Furchtbar ist der Weiber Zorn...
Ihre Liebe wissen sie zu messen,
doch nie zu zügeln ihren Haß.«

Isolde Weißhand, frustriert, eifersüchtig, betrügerisch wie alle Frauen, treibt den unnützen Ehemann durch eine Lüge in den Tod. Tristan wird von seiner Frau getötet: viele verheiratete Männer fürchteten damals ähnliches von der beunruhigenden Unbefriedigten, die jede Nacht ihr Lager teilte. Der Erfolg des Tristanromans lag darin, daß er die Kritik mit der Apologie verband, daß er, indem er in Isolde den Zauber der heimlichen Liebe pries, dennoch die vielfache Schädlichkeit der Ehefrau verurteilte: so entsprach er einer latenten Angst, die angesichts der geheimnisvollen weiblichen Sexualität nicht nur die Ehemänner, sondern alle Männer plagte.

Doch damit ist die sinnreiche, bedeutungsträchtige Tristan-Geschichte, wie sie im 12. Jahrhundert erzählt wurde, noch nicht erschöpft. Das Thema des Liebestranks wurde von Beroul so gewendet und betont, daß sich einer Gesellschaft, die dank der zunehmenden Verbreitung kirchlicher Predigten und häufigerer Beichten für dieses Problem sensibilisiert war, die Frage der Verantwortung stellte. Die wechselseitige Begierde des Mannes nach der Frau und der Frau nach dem Mann ist bei Tristan und Isolde eine unfreiwillige Folge des giftigen Gebräus, das sie versehentlich getrunken haben. Welche Schuld ist denen vorzuwerfen, die unter solchen Umständen von der Leidenschaft erfaßt werden? Wer kann sie aus gutem Grund verurteilen? Tristan und Isolde halten sich für unschuldig. Sie sind überzeugt, daß Gott sie liebt und daß er ihnen hilft. Der Einsiedler im Wald bestätigt sie in dieser Überzeugung. Für die rasende, die stürmische Begierde ist niemand verantwortlich. Niemand ist darum ein Sünder. Also sind es auch die Ritter nicht, die den Damen nachstellen – weder sie noch die Ehefrauen, die sich dazu hinreißen lassen, ihren Herrn und Gebieter zu verraten. Wir sind alle Sklaven der Begierde, und diese Knechtschaft ist bedrückend. In der Tat sind Tristan und

Isolde Gefangene ihrer Liebe, jener heftigen Liebe, die der Dichter wohlweislich keine fröhliche nennt. Als sich nach drei Jahren die Wirkung des Liebestranks verflüchtigte, war es für sie eine Erleichterung. Am Ende hatten sie es sich eingestanden: seit drei Jahren »verzehrten sie ihre Jugend mit dem Bösen«. Wehmütig dachte Isolde »an den Namen der Königin, den schönen Schmuck, an das ganze Gefolge, das sie einst in ihren Gemächern bedient hatte«. Und Tristan sehnte sich nach der Ritterschaft, aber er, der Gutherzige, bedauerte auch, daß er seine Gefährtin auf den »schlechten Weg« gebracht hatte. Von der rasenden Liebe »befreit«, wie aus dem Gefängnis entlassen, atmeten sie auf.

Alle Männer, die von der Geschichte fasziniert waren, begehrten Isolde. Gewiß, in manchen Augenblicken waren sie empört über ihr Verhalten. Aber sonst? Hatten sie nicht letztlich Mitleid mit diesem Mädchen, das eines schönen Tages von dem Mörder ihres Onkels über das Meer »heimgeholt« worden war, dem Bett eines ihr unbekannten Mannes zugeführt? Hatten sie nicht Mitleid mit dieser gequälten Frau, wider Willen in sich selbst gespalten, geteilt, wie in Stücke gerissen von den beiden Löwen, die ihr im Traum erschienen, als sie liebesmatt in der Mittagshitze dämmerte, mit gleicher Kraft an ihr zerrend, hier die Begierde, dort das Gesetz? Isolde, jammervolles Opfer ihrer eigenen Glut und des Feuers, das ihre bloße Anwesenheit bei den Männern schürte, die ihr immerfort zu Leibe rückten und von denen einige des Nachts, bei einladender Dunkelheit, unweit ihres Lagers schliefen.

Als Thomas die Geschichte aufgriff, um sie, wie er sagt, »allen Liebenden« zu erzählen, »den Nachdenklichen und den Versessenen, den Begehrlichen und den Verlangenden, den Wollüstigen und den Verderbten«, bemühte er sich, ihre Lehre mit der einer anderen Literaturgattung, der Minnedichtung, zu verbinden und die wilde Liebe, die man sich durch das Trinken des »Kräuterweins« wie ein böses Fieber zuzog, mit der feinen Liebe auszusöhnen, die die Troubadoure besangen. Der Zaubertrank galt ihm nur noch als Symbol, und die Begierde hörte auf, ein bloß physischer Trieb zu sein. Thomas proklamierte, daß die Frau nicht nur ein Körper ist, den man im verborgenen begehrt, daß es nichts wert ist, einen Körper zu besitzen, wenn man nicht auch das Herz besitzt. Er konzentrierte sich daher im letzten Teil seines Gedichts auf die Verdoppelung der Gestalt Isoldes. Die blonde Isolde, diejenige, derer Tristan sich einst auf dem Schiff bemächtigt hat, befindet sich in weiter Ferne: der Gatte hat seine Ansprüche geltend gemacht, ihren abwesenden Leib ganz in Besitz genommen. In Tristans Bett liegt der Körper einer anderen, seiner Gemahlin. Auch sie trägt den Namen Isolde. Sie ist ebenso schön wie Isolde: sie ist ihr Double. Tristan begehrt sie. Das Ehegelübde verpflichtet ihn, diesen ihm dargebotenen Körper zu nehmen. Die Liebe hindert ihn daran. Denn die Liebe, die »feine Liebe«, die schöne Liebe, ist nicht Genußsucht, nicht das Streben nach Befriedigung der fleischlichen Begierde. Sie ist sublimierte Begierde, eingegangen in die unauflösliche Verbindung zweier Herzen.

Den Rittern und den Damen seines Publikums bot

Thomas in der Tat eine neue Religion: die Liebe als ein Kultobjekt – Gegenstand jenes Kults, den Tristan im Gewölbesaal der lebensgroßen Statue bezeugt, die er sich hat machen lassen. Isolde, die Ferne, von ihm getrennt, weiß, welche Verehrung der Geliebte ihr zuteil werden läßt, und um dieser Anbetung würdig zu sein, beschließt sie – wie die christlichen Asketen –, unter dem Kleid, auf der bloßen Haut, ein eisernes Hemd zu tragen. Diese Version der Geschichte lehrte also, daß die Liebe durch Prüfungen reicher wird, daß sie wie die Gottesliebe Entsagungen verlangt, daß der Mensch sich durch die Liebe – die notwendig im Fleisch verwurzelt ist – von Stufe zu Stufe zu den unsäglichen, den höchsten Ergüssen erheben kann. Nichts anderes entdeckten zur gleichen Zeit die Mystiker in den Klöstern der Zisterzienser, ehe Dante sich von ihnen inspirieren ließ.

Indem sich nun aber die Liebe – die wechselseitige Liebe des Mannes und der Frau – zu solchen Höhen aufschwingt, steht sie weit über dem Gesetz. Die Liebenden, denen es gelingt, die dunklen Mächte der fleischlichen Begierde zu beherrschen, sind keine Gefangenen, keine Opfer mehr. Sie hören auch auf, unschuldig zu sein. Sie sind voll verantwortlich. Sie nehmen ihre Leidenschaft auf sich und tragen sie gegen jede Anfechtung bis in den Tod. Auch diese Liebe kann nicht glücklich sein. Sie ist unmöglich. Sie verfehlt unweigerlich ihr Ziel. Dennoch bedeutet sie einen Sieg: den Sieg der Selbstüberwindung. Das kündete ein großer Dichter 1173 seinem Publikum. Ob wir heute soviel weiter sind?

JUETTE

JUETTE

1172 lebte in Huy ein Mädchen mit Namen Ivette – oder vielmehr Juette. Die kleine Stadt, heute zu Belgien gehörig, war damals in voller wirtschaftlicher Expansion begriffen, und das Geld floß in Strömen. Juette war dreizehn Jahre alt. Mit dreizehn pflegte man die Mädchen zu verheiraten. Ihr Vater, Steuereinnehmer für den Bischof von Lüttich, der im Land die Abgaben erhob, war ein reicher Mann. Er holte den Rat seiner Verwandtschaft ein und bestimmte der Tochter einen Gatten.

In der Geschichte hat Juette keine Rolle gespielt. Sie war sehr weit davon entfernt, im Geist der Menschen, ihrer Zeitgenossen, einen ähnlichen Platz einzunehmen wie Eleonore oder Héloïse. Dennoch evoziere ich ihr Bild, weil uns ein Bericht über ihr Leben erhalten ist. Ein Mönch des prämonstratensischen Ordenshauses von Floreffe hat ihn um 1230 geschrieben. Er war gut informiert: erst kurz zuvor hatte der Abt seines Klosters der Sterbenden die letzte Beichte abgenommen, und er selbst war ihr Vertrauter gewesen. Er hatte sie reden hören. Und er bemühte sich, wahrheitsgetreu wiederzugeben, was er gehört hatte. Dank seiner, dank dieser gewissenhaften, mit einer Fülle präziser Einzelheiten versehenen Biographie dringt ein Echo der Worte einer Frau zu uns. Worte, die natürlich durch die Übertragung von der

Volkssprache ins Schullatein, durch die Vorurteile dessen, der die Transkription ausführte, und durch die Ansprüche des hagiographischen Diskurses einige Umwandlungen erfahren haben. Aber sie bleiben vernehmbar – ähnlich denen der »heiligen Matronen«, die man um die Wende vom 12. zum 13. Jahrhundert in manchen Regionen Europas zu verehren begann: es war dies die Zeit, in der das Christentum, wie Jacques Dalarun gesagt und nachgewiesen hat, weiblichere Züge annahm. Das macht den Wert unseres Zeugnisses aus, und so lokal dieses weibliche Abenteuer auch gewesen sein mag, spricht es doch Bände über das, was die Männer damals von den Frauen dachten.

Im Mittelpunkt der exemplarischen Geschichte, die der Autor zur Belehrung seiner Ordensbrüder und der frommen Seelen, die sich von ihnen leiten ließen, komponiert hat, stand die Erzählung einer Vision, die seiner Heldin zuteil geworden war und die sie ihrem Beichtvater enthüllt hatte. Eines Nachts, nach langem Beten und Weinen, hatte sie sich im Angesicht eines zornigen Mannes gesehen, der gerade anhub, sie wegen einer früher begangenen Missetat zu strafen. Neben diesem Mann, in dem sie selbstverständlich Christus erkannte, saß eine Frau von wundervoller Anmut. Verzweifelt, mit Tränen in den Augen, hatte die Schuldige zu ihr aufgeblickt. Daraufhin hatte die Jungfrau – sich erhebend, sich zur Seite neigend – von dem Richter Vergebung und sein Einverständnis erwirkt, ihr die Büßerin zu überlassen, damit sie fortan ihre Dienerin, ihr Schützling, ihre Tochter sei. Maria neben ihrem Sohn, seine Barmherzigkeit erflehend –

ein sehr banales Bild. Man sah es überall, ob in Stein gehauen oder gemalt, und die Prediger gebrauchten es in ihren Reden. Wundern wir uns also nicht, es in den Verirrungen eines gequälten Geistes auftauchen zu sehen. Jedenfalls liefert es den Schlüssel zu den Qualen, an denen Juette litt – es erhellt ihr ganzes Schicksal. Ihrem Empfinden nach hatte die Intervention einer Frau sie der furchtbaren Macht eines Mannes entrissen. Zugleich war ihr klargeworden, welches die vergessene Sünde war, die auf ihrem Gewissen lastete: sie hatte einmal den Tod ihres Gatten gewünscht.

Nun war diese Frau in einem Dunst von Heiligkeit gestorben. Dabei konnte man ihr keinesweges die Tugend jener siegreichen Verfechterinnen ewiger Keuschheit zuschreiben, deren Heldentaten damals gefeiert wurden, weil sie, so die Berichte, ihre Jungfräulichkeit zäh verteidigt hatten. Juette war nicht aus ihres Vaters Haus geflohen, um der Heirat zu entrinnen. Sie hatte ihren Gatten auch nicht überzeugen können, ihr die Unschuld zu belassen und an ihrer Seite ein gemeinsames Leben in Keuschheit zu führen. Gefügig hatte dieses Kind sich geben und sich nehmen lassen, und sie hatte sich – wie viele unberührte Mädchen, die früh den Brutalitäten des Geschlechtsakts ausgesetzt worden waren – nie davon erholt. Fünf Jahre lang hatte sie das eheliche »Joch« ertragen müssen und voller Abscheu ihre »Schuldigkeit« getan, die Last der Schwangerschaften und die Schmerzen der Geburt erduldet. Im Zeitraum von fünf Jahren hatte sie ein erstes Kind zur Welt gebracht, das kaum ein paar Tage lebte, dann ein zweites, dann ein drittes. Lauter Knaben, leider – wieder männliche Geschöpfe, die umsorgt werden wollten. Aber das war das gemeine Los der Frauen. Juette hatte immerhin noch Glück: ihr Gatte starb.

Sie glaubte sich erlöst. Doch war sie noch begehrenswert, und ihr Heiratsgut erst recht. Bewerber machten ihr den Hof. Ihre Eltern wollten sie, das war normal, erneut in eine vorteilhafte Ehe einsetzen und trafen Vorbereitungen, sie dem Meistbietenden zu überlassen. Diesmal leistete sie Widerstand, um nicht in die Sklavenschaft zurückzufallen. Mit Flehen und Drohen setzte der Vater ihr zu, aber sie wollte nicht hören. Am Ende seiner Fähigkeiten, wandte er sich an seinen Herrn, den Bischof, der die Ungehorsame vor seinen Gerichtshof lud: eine beeindruckende Versammlung von Männern, Geistlichen im Chorrock und Rittern in voller Rüstung. Zitternd beharrte Juette auf ihrem Entschluß. Wie könne man sie zwingen, fragte sie, einen neuen Gemahl zu nehmen, wo sie sich doch selbst schon einem besseren versprochen habe: Christus. Eine Verteidigung, die unanfechtbar war. Innerhalb der Kirche gab es eine besondere Weihe für die Witwen, den Witwenstand. Denn die Kirche, mißtrauisch gegenüber zweiten Heiraten, hielt diejenigen in Ehren, die sich, der Ehe müde, entschieden, ihr Leben in Enthaltsamkeit zu beenden. Der Bischof beugte sich. Er segnete Juette. Sie war frei.

Frei – aber keineswegs am Ende ihrer Leiden. Der Status der geweihten Witwe verpflichtete zur strengen Einhaltung der Gottesdienste und selbstverständlich dazu, den Männern fernzubleiben. Eine reife Frau, die sich ausgelebt hatte und deren Glut langsam erlosch, konnte sich dieser Regel ohne allzu große Mühe fügen. Juette mit ihren achtzehn Jahren war leichter anfechtbar. Und Satan beschloß, die Gelegenheit zu nutzen. Anfangs stellte er sich ihr persönlich in den Weg. Wenn sie vor dem Morgengrauen ihr Haus verließ, um sich zur Frühmesse zu begeben, sah sie ihn an den Straßenecken in vielfältiger, stets furchterregender Gestalt. Mit Hilfe von Bekreuzigungen bestand sie diese erste Prüfung. Dann setzte der Teufel jene Waffe ein, derer er sich gemeinhin bedient, um Frauen ins Verderben zu ziehen. Ein Mann, ein naher Verwandter des verstorbenen Vaters, übte die Vormundschaft über die beiden Waisen, Juettes Söhne, aus; in dieser Eigenschaft kam er die junge Witwe oft besuchen. Er begehrte sie, zögerte jedoch, sich zu erklären, weil er fürchtete, ins Gerede zu kommen. Als er ihr schließlich seine Leidenschaft gestand und zum Angriff überging, stieß Juette ihn indigniert zurück, hielt ihm eine Strafpredigt und ging auf angemessene Distanz. Bis sie eines Tages von ihren Vettern zum Abendessen eingeladen und gedrängt wurde, über Nacht zu bleiben. Der Freier tauchte auf und wurde gleichfalls über Nacht zurückgehalten. Ihr schauderte. In den Häusern des 12. Jahrhunderts, so stattlich sie auch sein mochten, gab es keinen geschlossenen Raum, keine Rückzugsmöglichkeit. Sobald der letzte Feuerschein erlosch, waren unbegleitete Frauen den Begierden der Männer ausgesetzt, die sich auf die Jagd machten, sich von Lager zu Lager tasteten. Die Gesellschaft schlief im ersten Stock. Vorsichtshalber ließ Juette sich ein Bett im Erdgeschoß aufschlagen und nahm eine Gefährtin mit. Bangen Herzens blieb sie wach. Sie konnte nichts tun, ohne Skandal zu erregen, ohne ihre Ehre zu verlieren, weder um Hilfe rufen noch sich auf die Straße retten. Wie also der Vergewaltigung entrinnen? Als knarrende Stufen das Nahen des Schänders verrieten, flehte Juette in äußerster Not die Jungfrau Maria an – und siehe da, ihr wurde wohl ums Herz: die geplagte, von Phantasmen heimgesuchte junge Frau sah nicht den Befürchteten die Treppe herabsteigen, sondern die Mutter Gottes, die ihr Rufen erhörte. Der Mann verdiente es nicht, die Immaculata zu sehen, aber er hörte das Geräusch und zog sich beschämt in sein eigenes Bett zurück. Die Erscheinung kündigte die oben erwähnte Vision einer wunderschönen Dame an, die als schützende Vermittlerin Position zwischen den Frauen und der männlichen Gewalt bezog. Satan war abermals besiegt.

Doch es blieb ihm noch ein letztes Mittel, um Verderben zu stiften. Nicht der Sex, sondern das Geld. Juette war gut betucht, und sie vertraute ihre Einkünfte den Händlern an, damit diese ihr Vermögen durch fruchtbringende Geschäfte mehrten. Das war von Übel. Gott findet keinen Gefallen an denen, die sich durch Nichtstun auf dem Rücken der Verbraucher durch Handelsgewinne bereichern. Das Bürgertum von Huy freilich hielt dies für eine läßliche Sünde, die, so sagte man, durch milde Gaben leicht zu tilgen sei. Juette gab Almosen. Sie gab zuviel. Ihr Vater, der befürchtete, seine Enkelsöhne könnten verarmen, den Rang verlieren, in den sie hineingeboren waren, entzog ihr die Verwaltung ihrer Güter: unberechenbar, wie die Frauen nun einmal sind, verschwendete sie ihren Besitz, indem sie nach und nach alles aus dem Haus gab, was verkäuflich war.

Da übermannte Juette das Gefühl, in ihrer Seele unausweichlich beschmutzt zu sein. Wie sollte sie ihre Unschuld, wie die glücklichen Zeiten ihrer Kindheit wiederfinden? Und wie all den Männern entrinnen, die ihr so übel zusetzten, sie in den Sündenpfuhl zogen – ihrem Vater, ihren Söhnen, den Verwandten, die bedauerten, daß es ihnen nicht gelungen war, sie wiederzuverheiraten, den lüsternen Kanonikern, deren Blicke und Hände sich manchmal auf den Körper der Beichtenden verirrten, all den Männern, die sie immer noch umgaben? Nach fünf Jahren Witwenschaft beschloß Juette, sich endgültig von der Welt zurückzuziehen.

Für einen Mann war das nicht schwer. Er konnte auf Pilgerreise oder auf Kreuzfahrt gehen, oder er wurde Mönch; Klöster gab es viele, oft hervorragende Einrichtungen, wie etwa die des Zisterzienserordens. Aber die Frauen? Unmöglich, sich als Frau auf den Weg zu machen, ohne sofort belästigt zu werden. Nonnenklöster waren noch äußerst selten, und um aufgenommen zu werden, mußte man adlig sein. Glücklicherweise hatten die wohlhabenden Bürgersleute der Region, in der Juette lebte, vorgesorgt: feindselig gegenüber dem lokalen Klerus, der sie auszubeuten suchte, aber beunruhigt ob ihrer unheilig erworbenen Reichtümer, hatten sie sich seit der Mitte des 12. Jahrhunderts am Rande der etablierten Kirche eigene Möglichkeiten der kollektiven Sühne geschaffen. Mit Almosen unterhielten sie zwei Sorten büßender Opfer: einerseits die Reklusen, Männer und vor allem Frauen, die, auf Lebenszeit in eine Zelle eingeschlossen, nunmehr die Sünden der Stadt trugen und durch strenge Askese das Werk der Läuterung vollbrachten; andererseits die Aussätzigen, auch sie eingeschlossen, mitsamt ihren Betreuern, den guten Seelen, die sich im Gefolge Jesu ganz in den Dienst der Leidenden gestellt hatten und auf ihren Häuptern die für das Heil der städtischen Gemeinschaft notwendige Gnade sammelten. Ein solches Leprosorium befand sich in den Außenbezirken von Huy. Dort suchte Juette mit dreiundzwanzig Jahren ihren Seelenfrieden und Erleichterung von ihren Obsessionen. Unerbittlich gegen sich selbst, begnügte sie sich nicht damit, die Kranken zu pflegen: sie aß aus ihren Schüsseln, trank aus ihren Bechern, stieg in das Wasser ihres Bades und labte sich an ihrem Eiter – hoffend, sagt ihr Biograph, daß der Aussatz ihr den Leib zerfräße und ihre Seele dadurch rein würde von allem Schmutz. Ohne sich noch um ihre Söhne zu kümmern – der älteste war schon als kleines Kind in einer Schule untergebracht worden, die ihn auf das Klosterleben vorbereiten sollte, während der zweite, sich selbst überlassen, auf Abwege geraten, nur noch an das Geld und an die Mädchen dachte –, führte Juette zehn Jahre lang dieses tätige Leben. Dann, immer noch unbefriedigt, wählte sie das beschauliche und wechselte von den geweihten Witwen in den verdienstvolleren Stand der Klausnerinnen über. Dies geschah durch Riten, deren Offiziant normalerweise der Bischof hätte sein müssen. Da der Bischofsstuhl aber vakant war, erhielt Juette ihren Segen von einem Zisterzienserabt aus der Nachbarschaft, der hinter ihr die einzige Tür eines kleinen, an die Kapelle des Leprosoriums angrenzenden Hauses zumauern ließ. Sie kam nie wieder heraus. Ihr Reklusendasein währte siebenunddreißig Jahre – und es waren dies siebenunddreißig Jahre unumschränkter Herrschaft.

Juette hatte nicht auf alles verzichtet – nicht auf den Komfort eines ordentlichen bürgerlichen Lebens. Um den Kritikern zuvorzukommen, hielt ihr Biograph es für gut, das Verdienstvolle dieser Maßnahme zu preisen, die Vorteile der Bescheidenheit gegen eine übertriebene Askese anzuführen. Was Juette suchte, war die Einsamkeit. Um sich besser vor Bedrängungen der Außenwelt zu schützen, hatte sie eine Dienerin mit sich einmauern lassen. Diese Helferin, beflissen bemüht, ihr jede körperliche Anstrengung zu ersparen, hielt im Erdgeschoß die Stellung vor dem kleinen Fenster, wo sie die Bittsteller empfing, ihnen zuhörte, Botschaften weitergab. Ihre Herrin, im Obergeschoß installiert – wie Karl der Große in der Aachener Pfalzkapelle, wie Christus und die Jungfrau auf den Tympanons, mit denen man die Vorhallen der Kathedralen zierte –, stieg hin und wieder von ihrer Höhe herab. Gewöhnlich aber thronte sie dort oben, unerreichbar, allmächtig. Kein Mann kam ihr mehr vor Augen, außer einigen sehr sittenstrengen Mönchen, Prämonstratenser oder Zisterzienser, die sie gelegentlich besuchten, und zwei oder drei Priestern, die ihr Amt in der Kirche des Leprosoriums versahen. Diese letzteren allerdings fielen ihr manchmal lästig. Es ging das Gerücht, einer von ihnen, der erstaunlich häufig bei ihr auftauchte, habe sich in sie verliebt. Juette errötete und gab eiligst zu verstehen, daß die Gelüste dieses Mannsbildes in Wirklichkeit einer Anhängerin von ihr galten. Tatsächlich hatte sie inzwischen eine ganze Frauengesellschaft unter ihrer Fuchtel, einen regelrechten Hof blutjunger weiblicher Geschöpfe, schon als Kinder rekrutiert, die sie ernährte und erzog, die sie adoptierte, ja wie eigene Töchter behandelte, die ihr nicht vergönnt gewesen waren – und die sie um jeden Preis von der Ehe abzubringen suchte, eifrig darauf aus, ihre »Unversehrtheit« zu bewachen, diese unschuldigen Lämmer vor den hungrigen Wölfen zu schützen.

Der wachsende Einfluß dieser Frau beruhte in erster Linie darauf, daß man sie im Besitz visionärer Fähigkeiten wußte: sie sah, was die gemeinen Sterblichen nicht sahen. Schon seit langem. Lange vor ihrem Rückzug hatte eine Dienerin sie eines Morgens im Zustand der Verzückung überrascht. Kaum daß sie eingemauert war, häuften sich ihre Visionen. Sie selbst, das muß gesagt sein, sprach darüber wenig und mit gutem Vorbedacht. Aber die Frauen, die sich ihr näherten, berichteten von ihren reglosen Trancen und von ihrer großen Erregung, ihren Schreien, wenn sie wieder zu sich kam – stöhnend »wie eine Frau im Liebesschmerz«, schreibt der fromme Biograph, offenbar nicht ganz ohne Erfahrung: es schien, als würde sie unsäglicher Lust entrissen. Gerüchte gingen um, daß sie, derart entführt, ihres Körpers entbunden, zu Besuch in das Himmelreich entschwebe. Und wie sie selber zugab, war sie eines schönen Tages dort oben Johannes, dem Evangelisten, begegnet: höchstpersönlich die Messe zelebrierend, hatte er vor ihren Augen die

Hostie gebrochen und sie zum Mysterium der Transsubstantiation geladen. Doch nur dies eine Mal hat sie in den himmlischen Sphären mit einem Mann gesprochen. Gewöhnlich war es eine Frau, Unsere Liebe Frau, *Notre-Dame*, die sie empfing, sie in die Arme schloß – etwas mißlich, man spürt es wohl, für den, der hier die Feder führt, den Biographen, der die Wunder dieser Seherin in der Hoffnung erzählt, ihr einen Platz unter den Heiligen zu verschaffen. Er ahnt schon, was die Verleumder sagen werden: War die Erleuchtete, von der er gefällig erzählt, daß sie jeden männlichen Einfluß ablehnte, nicht zu weit von der Person Christi abgerückt? Also unternimmt er es, in einem langen Kapitel nachzuweisen, daß die Bindung an Maria, die doch untrennbar eins, »ein Fleisch und Blut«, mit Jesus ist, notwendig eine Bindung auch an ihn bedeutet. Und hatte sich die hienieden so unglücklich Vermählte nicht während ihrer Ausflüge ins Jenseits prachtvoll als Braut geschmückt gesehen, mit großem Geleit dem erhabenen Bräutigam zugeführt, dem, der die Frauen nicht im Fleische vergewaltigt, um daselbst eine köstliche Hochzeit zu feiern – die einzige, die eine Frau vollauf zu befriedigen vermag?

Jedenfalls hielt man die Reklusin im ganzen Land, das Lüttich umgab, für ein Medium, eine erstaunliche Mittlerin zwischen dem Sinnlichen und dem Übersinnlichen. Auf dieser Gabe beruhte ihre Macht. Wie die große Hildegard von Bingen, die jüngst verstorben und den Zeitgenossen noch in lebhafter Erinnerung war, hielt man Juette für fähig, die Geheimnisse des Allmächtigen zu schauen. Als Frau hatte sie nicht die Bildung genossen, die ihr den Zugang zu den Texten der Heiligen Schrift ermöglicht hätte. Dennoch behauptete sie, sich in der Hierarchie der himmlischen Heerscharen, die ihr das Geleit zum Ort ihrer mystischen Hochzeit gaben, vollkommen auszukennen und um die spezifischen Tugenden all der Edelsteine zu wissen, mit denen ihr Brautkleid besetzt war. Also bedrängte man sie mit Fragen. Erkläre uns, was sind die drei Personen in dem einzigen Gott? Denkst du, derart ins Himmelreich erhoben, auch daran, Barmherzigkeit für uns, deine Verwandten, deine Freunde, zu erflehen? Geschickt entzog sie sich. Wenn der Geist mich in die Höhen entführt, erwiderte sie, gehe ich schwindelnd in das Unbegreifliche ein und verliere jeden Begriff von den Dingen dieser Welt; bei meiner Rückkehr vermag ich dann mit Menschenzunge nicht zu sagen, was ich in der Herrlichkeit geschaut habe.

Aber es war nicht dieses unvermittelbare Wissen um die Mysterien, das ihr über ihre Nächsten und ihre Umgebung eine ähnliche Macht verlieh, wie sie heutzutage die Wahrsager und Magier über manche unserer Zeitgenossen ausüben, sondern eine viel beunruhigendere Fähigkeit: sie wußte um die heimlichen Verfehlungen der anderen. Den Sündern sagte sie die Strafen voraus, die ihnen verheißen waren. Sie warnte den wuchertreibenden Kanoniker, die von Fleischeslust getriebene Bürgerin: wenn sie sich nicht besserten, würden sie in die Hölle geworfen. Hatte sie nicht aus dem Geschlecht der Hurerin Flammen schlagen sehen? Nichts konnte ihr entgehen. Wagte es ein Mädchen aus der Schar ihrer Zöglinge, seinen Blick, wenn es vor den Altar trat, nicht auf das

Sakrament zu richten, sondern auf den hübschen Priester, der es austeilte: sie wußte es. Bewahrte irgendein junger Mönch unter seinem Kopfkissen das Busentuch, das eine Cousine ihm als Liebespfand gegeben hatte: sie wußte es. Ging eine Heuchlerin heimlich auf Liebesabenteuer aus: sie wußte es. Und sie wußte auch, daß der Priester, der eben dieser Sünderin die Kommunion verweigerte, nach der sie inständig verlangte, mit einer Hure schlief. Sie las in den Herzen, und das verlieh ihr furchtbare Gewalt. Diejenigen, die sich nicht vollständig rein fühlten, wagten sich bald nicht mehr in ihre Nähe. Sie vertrauten sich lieber ihrer Dienerin an. Doch so leise sie auch flüstern mochten – Juette in ihrer unsichtbaren Höhe, auf der Lauer wie eine Spinne im Netz, bekam alles mit. Wer konnte schon sagen, welche Strafe des Himmels oder zumindest welchen Skandal in der Stadt ihre merkwürdige Hellsichtigkeit nicht bald auslösen würde?

Die Frauen, so scheint es, ließen sich von den dunklen Mächten der Wahrsagerin vollständig in Besitz nehmen. Sie wurden gezwungen, Buße zu tun und den Freuden des Fleisches zu entsagen. Einmal in Juettes Bann, konnten sie sich ihrer Herrschaft nicht mehr entziehen. Eines Tages war eine der Jugendlichen aus dem Kreis derer, die sie um sich versammelte, mit einem Geistlichen davongelaufen, der sie betört hatte. Über das von Stadt zu Stadt reichende Netz der Reklusen und Reklusinnen gelang es Juette nach sechsmonatiger Suche, der Flüchtigen sehr weit entfernt, in der Stadt Metz, habhaft zu werden. Das verlorene Schaf kehrte in den Stall zurück. Auf wundersame Weise durch die Gebete ihrer Herrin geschützt, hatte sie ihre Unschuld nicht verloren, obwohl sie während der ganzen Dauer ihrer Flucht das Lager ihres Gefährten geteilt hatte. Er hatte sie respektiert. Er hatte nicht einmal ihre nackte Haut gesehen.

Was nun die Männer betrifft, so widersetzten sie sich Juettes Einflußnahme sehr viel stärker als die Frauen. Gewiß, manche Männer – etwa jener schlechte Priester, den sie entlarvt hatte: einer von denen, die ihre Schlafstatt in der großen Kirche von Huy hatten und es sich zur Gewohnheit machten, im Morgengrauen die frommen Bürgerinnen aus der Pfarrgemeinde in ihr Bett zu locken; Verführer, die ihre Opfer anschließend, damit nichts ruchbar wurde, am Ablegen der Beichte hinderten – manche dieser Männer, die von Juette schulmeisterlich zurechtgewiesen wurden, waren einen Augenblick verunsichert und versprachen Besserung. Aber sie kehrten schnell zu ihren Freuden zurück. So teilten sich die Menschen in zwei Lager: auf der einen Seite die Frauen, zwangsverpflichtet, unterjocht, willfährig; auf der anderen die Männer, angeklagt, verurteilt, unverbesserlich. Der erbitterte Kampf, den die Reklusin gegen sämtliche fleischlichen Begierden, vor allem aber gegen die Wollust führte, gegen die Sünde des Fleisches, nahm die Züge einer immer heftigeren Auseinandersetzung, eines Kriegs zwischen den Geschlechtern an.

Es kommt hinzu, daß um die gleiche Zeit in dieser Region eine Bewegung entstand, deren Ursachen dem Historiker noch kaum ersichtlich sind. Innerhalb des Bürgertums, einer Gesellschaft mit viel fließenderen Übergängen als die alte Aristokratie, taten sich in wachsender Zahl Frauen hervor – Jugendliche, Witwen, ja sogar Ehefrauen –, die nach mehr Unabhängigkeit strebten und anfingen, sich zu »Selbstverteidigungsgruppen« in Form kleiner frommer Zirkel zusammenzuschließen. Juette bediente sich dieser Bewegung und lenkte sie auf das Leprosorium, das unter ihrem strengen Regiment bald als Zitadelle der weiblichen Freiheit erschien. Diese Institution, der die Almosen in Strömen zuflossen und die eine Aura furchtsamer Ehrerbietung umgab, trat im Lauf der Jahre zunehmend in bedrohliche Rivalität zur offiziellen Kirche. Langsam, aber sicher untergrub die Macht der Reklusin die der Kanoniker, der Geistlichen – kurz, die Macht der Männer. Diese Matrone, diese Bienenkönigin, die in ihrer Zelle hockte und von dort das Regiment über eine Heerschar fanatischer Verfechterinnen der jungfräulichen Unschuld führte, kannte schließlich keine Zweifel mehr. Hatte nicht Maria Magdalena sie eines Nachts bei der Hand genommen, um sie an den Platz zu Jesu Füßen zu geleiten? Hatte Juette nicht ihrerseits die beruhigenden Worte gehört: »Deine Sünden sind dir vergeben, denn du hast mir viel Liebe erzeigt«? Bei ihrem Tod, den sie auf Tag und Stunde voraussah, würde die Jungfrau sie, dessen war sie sich gewiß, persönlich empfangen und sie zu einer ihrer Hofdamen im Paradies erheben. Auf dem politischen Schachbrett wurde diese Frau eine beherrschende Figur. Die Mönche der reformierten Klöster, die Prämonstratenser, die Zisterzienser, auch sie Rivalen des urbanen Klerus, erkannten ihre Bedeutung. Sie versuchten, Juette auf ihre Seite zu ziehen, sie einzubinden. Und sie gaben ihr Schützenhilfe für ihre Verteidigung.

Verteidigung tat not, denn Juette wurde angegriffen. Ihre Gegner schlugen zurück, mit wirksamen Waffen gerüstet. Vor allem konnten sie auf die fast einvernehmliche Skepsis der Männer bauen. Es gab keinen Anlaß, die Visionen, die Juette für sich in Anspruch nahm, zu glauben, die Geschichten von nächtlichen Enthüllungen in schlaftrunkenem Zustand, von Ekstasen und Erscheinungen ernst zu nehmen. Worin bestand der Unterschied zu den Schwindeleien, mit denen damals so viele Scharlatane von Dorf zu Dorf hausieren gingen, um die einfachen Gemüter, »Hutzelweiber« oder Bäuerinnen, zu übertölpeln? Die Freigeister lächelten, und der Biograph schien wohl zu wissen, daß er seine Mühe haben würde, sie zu überzeugen. Darüber hinaus war es gerade jetzt, da der Kreuzzug gegen die Albigenser voll im Gange war, ein leichtes Spiel, diese Frau – die jede Mittlerschaft der Priester ablehnte, zugleich aber, vollgestopft mit Hostien, von sich selbst behauptete, in direkter Verbindung zum Heiligen Geist zu stehen – der Ketzerei zu bezichtigen. Um sie zu rechtfertigen und um sich ihrer zu bedienen, mußte für die Anerkennung ihrer Heiligkeit gesorgt werden: in eben dieser Absicht erzählte der Mönch aus Floreffe ihr Leben.

Er scheiterte. Keine Spur deutet darauf hin, daß Juette nach ihrem Tod im Zentrum eines Kults gestanden hätte. Es wäre notwendig gewesen, die Männer zu überzeugen. Die Männer aber waren auf der Hut. Ihnen war klar, daß sie jetzt mit den Frauen rechnen mußten: also mißtrauten sie den Weibern um so mehr. Nach ihrem Dafürhalten war es das beste, sie die Hölle fürchten zu lehren und sie mit fester Hand zu beherrschen. Aber mit Männerhand.

Und vor allem sollten sich die Frauen unterstehen, den rebellischen kleinen Mädchen, von denen man neuerdings allzuoft hörte, daß sie den Jungen ablehnten, dem sie nach des Vaters Willen gegeben werden sollten, ein schlechtes Beispiel zu geben. Klausnerinnen gab es mehr als genug. Der Bischof von Lüttich verwarf das Ersuchen derer, die in der Nachfolge Juettes verlangten, wie die Verstorbene eingemauert zu werden, die es ihr in der Hoffnung gleichtun wollten, ihre Macht zu erben: jene Macht, die einen Augenblick ein großes Zittern in der Stadt hervorgerufen und die soziale Ordnung bedroht hatte. Die Gesellschaft verteidigte sich. Die Visionärin wurde vergessen. Die Macht, die wahre Macht, blieb in den Händen der Männer.

DORÉE D'AMOUR UND DIE PHÖNIX

DORÉE D'AMOUR UND DIE PHÖNIX

Dies sind keine Damen. Sie sind es noch nicht, sie werden es sein. Noch Jungfrauen, werden sie von der Liebe ergriffen. Aus Liebe werden sie Damen, und die Liebe, die schöne Liebe, bleibt. In Wirklichkeit sind diese beiden Frauenbilder eins: das erste ist nur ein Rohentwurf, während das zweite die Züge präzisiert, die Farben belebt. In der Tat ist *Cligès*, der Roman von Chrestien de Troyes, in dem die beiden – Soredamors und Fenice – auftauchen, nach dem gleichen Muster aufgebaut wie die Heiligenleben und wie *Tristan*: der Geschichte des Helden geht wegweisend die seiner Eltern voraus. Phönix liebt Cligès, den sie heiraten wird, wie Dorée d'Amour Cligès' Vater Alexander liebte, ehe sie sich mit ihm vermählte.

Im Lauf der sechstausendsiebenhundert Verse des Gedichts wird das komplexe, ausgelassene Intrigenspiel durch Sprünge und Wunder vorangetrieben. Die Personen sind – ähnlich den emblematischen Figuren in den Sälen, in denen die Fürsten im Freundeskreis zu feiern pflegten – auf die höchste Stufe der irdischen Hierarchie erhoben: Phönix ist eine Tochter des abendländischen Kaisers, Alexander ist ebenso wie Cligès, sein Sohn, Thronerbe des oströmischen Reichs, und Dorée d'Amour ist die Schwester Gaweins, des besten Ritters der Welt. Das Abenteuer erstreckt sich über die ganze damals bekannte Welt, von einem Ende zum anderen: von Britannien, dem großen Britannien des Königs Artus, über die armorikanische Bretagne und das kaiserliche Deutschland bis hin nach Griechenland, dem Griechenland Ovids, dessen Werk über die Liebeskunst, *Ars amatoria*, Chrestien bearbeitet hat, dem imaginären Griechenland des *Roman de Troie*, dem faszinierenden Griechenland der Parfüms und der prunkvollen Seiden, das allen erdenklichen Zauber besaß – nach Konstantinopel, von dem die Ritter Europas träumten, ehe ihre Nachkommen dreißig Jahre später die Stadt des Lichts eroberten, sie brandschatzten und sich im Zuge der phantastischsten Plünderung, die uns aus dem Mittelalter im Gedächtnis ist, ihrer Edelsteine und Reliquien bemächtigten. Alles, was die Waffenkunst betrifft, will ich hier ausklammern, obgleich die aufmerksame Erzählung kriegerischer Heldentaten den größten Teil des Gedichts einnimmt, der für ein ritterliches Auditorium sicher nicht der langweiligste war: nicht nur die Krieger, *aficionados* der Zweikämpfe, der Stechen und Turniere, ergötzten sich an solchen Schilderungen, auch die Edelfräulein gelüstete nach schönen Lanzenhieben oder Schwertstreichen, nach dem Anblick gebrochener Harnische und abgeschlagener Köpfe. Ebenso gespannt wie die Ritter sieht man sie hinaufdrängen

»... auf die Galerien,
auf Zinnen und an Fenster,
zu sehen und zu schauen,
die da aufeinandertreffen werden.«

Wie alle Ritterromane ist *Cligès* eine Art literarische Sportreportage. Sein Hauptthema ist gleichwohl die Liebe. Die Liebe, deren Fortschritte Chrestien, dem die Erzählung munter, klar und herzerfrischend aus der Feder fließt, sehr zartfühlend beschreibt.

Er folgt ihnen zunächst ins Herz Alexanders, der am Artushof, wo er seine ritterlichen Tugenden erprobt, Dorée d'Amour begegnet, sie begehrt und als Lohn für seine Heldentaten auch bekommt. Er folgt ihnen vor allem ins Herz der beiden Mädchen – doch seine ganze Würze bekommt das Abenteuer erst, als Cligès die Bühne betritt. Dieser Held muß auf seinem Weg zum Liebesglück in der Tat sehr viel schwierigere Hindernisse überwinden als sein Vater. Alis, Alexanders Bruder, hat diesen um den Thron betrogen, jedoch in einer Art Vergleich den Schwur ablegen müssen, ehelos zu bleiben: so wird Cligès sein Nachfolger sein. Da präsentiert sich eine verlockende Partie, eine Kaiserstochter, die zu haben ist: Phönix. Den Pakt mißachtend, bricht Alis unverzüglich in Begleitung seines Neffen auf, die künftige Gemahlin heimzuführen. Im großen Saal des deutschen Kaiserpalasts kommt es zu einer überwältigenden Szene. Phönix eilt herbei und – es ist wie eine Erscheinung:

»... sie kommt
baren Hauptes, das Gesicht unverhüllt,
und der Glanz ihrer Schönheit
schafft ein solches Leuchten,
wie vier Karfunkel es erzeugt'.«

Staunendes Entzücken. Kein Zweifel, Phönix und Cligès sind füreinander geschaffen. Unter einem von Wolken verdüsterten Himmel sind sie so schön, ein so strahlendes Paar, daß gleißendes Licht wie von einer Sonne aus Edelgestein den ganzen Palast erhellt. Aber was tun, um der in diesem Flammen plötzlich ausgebrochenen Liebe zur wahren Blüte zu verhelfen? Was muß geschehen, um zu überwinden, was sie verbietet? Wie verhindern, daß dieses Mädchen in die Gewalt jenes anderen Mannes gerät, der sie im gleichen Moment aus den Händen ihres Vaters empfängt?

Durch Magie, Hexerei. Durch Zaubermittel, von denen die wirksamsten natürlich byzantinisch sind und über deren Geheimrezepte Phönix' Amme Thessala, gebürtig aus Thessalien, verfügt. Der Trank, den diese Frau zusammenbraut und den Cligès dem ahnungslosen Alis vor der Hochzeitsnacht verabreicht, bewirkt, daß Alis zwar lebhaften Genuß aus dem Körper seiner Gattin zieht, aber nur im Traum: daß er nur Luft umarmt – und die Frischvermählte Jungfrau bleibt. Damit sie Cligès jedoch gehören kann, als dieser, ebenfalls von Artus gerüstet, aus Britannien zurückkehrt, muß auch die Bindung gelöst werden, die sie an den Gatten fesselt. Ein weiteres Tränklein schafft Abhilfe: es versetzt Phönix in den Zustand einer Sterbenden, bald in den einer Toten. Da tauchen Ärzte auf, die Verdacht schöpfen, ihren scheintoten Körper Folterqualen aussetzen, damit er sich verrät. Sie hält durch, wird ins Grab versenkt, wieder herausgeholt und, als wahre Phönix aus ihrer angeblichen Asche auferstehend, in den Garten eines Traumschlosses versetzt, dessen Eingang niemand kennt, um daselbst mehr als zwölf Monate lang die schönsten Wonnen in den Armen des Geliebten zu genießen. Endlich stirbt Alis. Alsbald findet die Hochzeit statt: die Krönung der vollkommenen Liebe.

Chrestien de Troyes hat seinen Roman unmißverständlich als Antithese zu *Tristan* präsentiert. Das Bild der Phönix erscheint als das genaue Gegenstück zu dem Isoldes. Sobald Phönix in Liebe zu Cligès entbrennt, setzt sie sich, ihre eigene Lust beherrschend, erbittert gegen alle Versuchungen zur Wehr. Ich werde nicht zulassen, sagt sie, daß man sich an uns erinnert wie an Tristan und Isolde,

> »über die man soviel Tollheiten erzählt,
> daß ich mich schäm', davon zu reden.«
>
> Ich lehne es ab, ein Leben zu führen wie Isolde,
> würdelos, da sie zwei Männer ihren Körper
> teilen ließ,
> ihr Herz jedoch nur einem schenkte.
>
> »Wenn ich Euch liebe, und wenn Ihr mich liebt,
> wird niemals man Euch Tristan heißen,
> und ich werde nie Isolde sein.«

Um den Widerspruch noch deutlicher herauszustellen, hat Chrestien einige Vorgaben aus *Tristan* in seinen *Cligès* übernommen. In beiden Gedichten geht es um einen Neffen, um die Gattin eines Onkels, um Liebesleidenschaften zwischen Mädchen, die verheiratet werden sollen, und

Rittern, die Junggesellen sind, und Alexanders Liebe enthüllt sich auf dem offenen Meer. Schließlich werden hier wie dort Zaubertränke eingesetzt. Doch im Unterschied zu *Tristan* sind die Liebenden deutlich jünger. Cligès hat, wie Chrestien ausdrücklich sagt, gerade das zarte Alter von fünfzehn Jahren erreicht. Er ist eben heiratsfähig geworden, genau wie Phönix, genau wie Dorée d'Amour zu ihrer Zeit. Vor allem aber entsteht die Liebe hier nicht durch irgendein von den Frauen zubereitetes Gebräu: sie wird durch Blicke ausgelöst. »Ihre Augen sehen ihn an und nehmen die seinen gefangen.« Durch die Augen dringt der abgeschossene Liebespfeil, jener Pfeil, dessen Federn »goldene Zöpfe« sind und der in Wirklichkeit nichts anderes ist als der Körper der Geliebten. Der ganze Körper: die Stirn, die Augen, das blasse Gesicht, der lächelnde kleine Mund, die Zähne aus Silber und Elfenbein, der zarte Halsausschnitt, »weißer denn frischer Schnee«, den das mit einer Spange über der Brust geraffte Tunikagewand verheißungsvoll freigibt. Und der verborgene Rest. Welch ungeheure Kraft besäße der Pfeil erst, wenn man alles sehen könnte, wenn er endgültig dem Köcher entführe, »dem Hemd und dem seiden Obergewand«!

»Das ist das Übel, das mich tötet,
es ist der Pfeil, es ist der Strahl.«

Der Stich ins Herz. Ein Herz, das ruhig und friedlich war, denn »was das Auge nicht sieht, macht das Herze nicht krank«. Sobald es entflammt, fängt es an zu leiden. Es ist verwundet, doch mit einer Wunde, die jenen süßen Schmerz, jene köstlichen Qualen verursacht, von denen man niemals genesen will. Wehrlos hat sich das Herz ergeben, gefangennehmen lassen. Aber was nun? Derjenigen, demjenigen, deren oder dessen Anblick die Verwirrung gestiftet hat, seine Liebesglut gestehen? Hier ist Vorsicht geboten: die Regeln dürfen nicht verletzt werden! Keine Entführung also, kein Ehebruch. Cligès, der Anti-Tristan, hält sich mit seiner Liebeswerbung zurück, solange er Phönix für die Frau seines Onkels hält. Und was sie betrifft, so kämpft sie, kaum daß sie die Liebe keimen fühlt, tapfer gegen sich selbst, indem sie sich jedes Verlangen nach körperlicher Vereinigung mit diesem Mann, der ihr Herz erobert hat, verbietet:

»Wie sollte der den Leib besitzen,
dem das Herz sich hingegeben hat,
wenn mein Vater doch dem anderen mich gibt
und ich nicht zu widersprechen wage?
Und wenn dieser dann Herr meines Leibes wird,
sich seiner trotz meiner bedient,
möchte es nicht rechtens sein, daß eben dieser Leib
einen anderen empfinge.«

Und als Cligès ihr später vorschlägt, mit ihm zu fliehen, wehrt sie heftig ab:

»Nie werdet Ihr an meinem Leib
andere Wonnen genießen,
als die Euch schon gegeben sind.«

Es sei denn, fügt sie freilich hinzu, es gelänge Euch, mich von Eurem Oheim »abzulösen«: es ist der Liebe nicht erlaubt, in körperlicher Erfüllung eine rechtmäßige Ehe zu brechen. Aber sind Cligès und Phönix bei ihrem langen Aufenthalt in dem geheimen Garten wirklich keusch geblieben? In all den Monaten, von denen es heißt, daß sie »einander küssen und umarmen«? Was haben sie gemacht, ehe man sie überraschte, sie »nackt bei nackt zusammen schlafend« fand? Aber ist das in diesem Fall eigentlich so schlimm? Der Roman lehrt nicht, daß der Liebesakt verboten wäre: verboten ist, die Gattin eines anderen zu nehmen, den Gatten zu betrügen. Phönix aber wird »zu Unrecht Dame genannt«. Sie ist keine Dame: noch hat sie ihren Körper niemandem gegeben. Der Mann, der sich für ihren Gatten hält, hat seine Lust immer nur im Traum an ihrem Leib befriedigt. Muß man eine Ehe, die nicht vollzogen ist, als wirkliche Ehe achten? Außerdem gilt die Schöne als tot: alle Welt hält Alis für ihren Witwer. Schließlich haben die beiden Liebenden einander ihr Herz geschenkt, und diese wechselseitige Gabe reicht aus, um ihre Vereinigung zu besiegeln. Wie dem auch sei, die Lektion besteht jedenfalls darin, daß die Heirat die Vollendung und gleichsam ein Wiederaufleben der Liebe bedeutet. Mit dieser Lektion geht der Roman zu Ende: Phönix wurde nach der Heirat nicht abgeschottet, nicht wie die Frauen im Orient von Eunuchen bewacht, denn ihr Gemahl brauchte ihr nie zu mißtrauen. Er liebte seine Dame, wie man eine Freundin liebt, und sie liebte ihn, wie es sich gebührt, seinen Freund zu lieben, und »jeden Tag wuchs ihre Liebe«.

Das Gedicht lehrt aber noch etwas anderes, und ich habe einen triftigeren Grund, das Doppelbild von Dorée d'Amour und Phönix an diese Stelle zu setzen. Der Held des »Romans von Cligès« ist zweifellos ein Mann. Berühmt wie sein Vater Alexander, erlangt Cligès wie dieser Ruhm und Freundschaften durch seine Tapferkeit und seine Freigebigkeit, deren Wirkungen Chrestien in aller Ausführlichkeit beschreibt. Dennoch wird der Lauf der Ereignisse ganz von den Frauen bestimmt. Von den Komparsinnen, von der britannischen Königin, die als erste die keimende Liebe zwischen Alexander und Dorée d'Amour entdeckt. Sie, die Königin, sieht die beiden erbleichen; aber sie befinden sich auf dem offenen Meer; hohe Wellen schlagen gegen das Schiff; sie ist sich nicht sicher. Doch bald, diesmal an Land, beobachtet sie die beiden erneut, Seite an Seite, und

»ihr dünkt sehr wohl,
daß die leichten Farbwechsel
Folgen der Liebe sind.«

Endgültig überzeugt, beschließt sie die Zusammenführung dieser jungen Leute, die es nicht gewagt haben, einander ihre Liebe zu gestehen. Zwischen ihnen sitzend, enthüllt sie ihnen, daß sie »zwei Herzen in eins gegeben« haben. Und sie ermahnt ihre Schützlinge: mögen sie sich nicht zur zügellosen Liebe der Leidenschaft und der Gewalt hinreißen lassen, sondern

»durch Heirat und in Ehren
gegenseitig einander begleiten«.

Der Jüngling erklärt sich einverstanden, das Mädchen »gibt sich ihm zitternd anheim«. Die Königin schließt sie in die Arme, macht »sie und ihn einander zur Gabe«. Eben diese Geste, eben diese Worte stellten damals, für sich genommen, die eheliche Verbindung her. Allerdings hätte diese rituelle Handlung eigentlich einem Mann zugestanden – sei es Gawein, dem Bruder der Braut, oder König Artus, der bestellt war, die Waisen zu verheiraten. Von einer Frau um ihre Vorrechte gebracht, haben diese beiden sich damit begnügt, der Sache zuzustimmen.

Im zweiten Teil des Romans greift eine andere Frau noch entscheidender ein: Thessala, Phönix' Anstandsdame und »Meisterin«. Gleich Trotula, der legendären Heilerin, kennt sie sämtliche Rezepte. Zauberin, wie alle Frauen es ein wenig sind, rührt sie wundersame Tränke, Arzneien oder Salben an und bedient sich ihrer, um etwa – wir haben es gesehen – den Gatten ihres Schützlings zu prellen, um die ärgerliche Heirat unwirksam zu machen. Wieder sind es Frauen, diesmal über tausend an der Zahl, die, angeführt von der Thessalierin, den Palast stürmen, den Ärzten die Scheintote entreißen und die Folterknechte aus dem Fenster stürzen:

»So gut haben es noch keine Damen je gemacht.«

Bei den langsamen Fortschritten der Liebe schließlich kann sich weder Alexander noch Cligès mit denen messen, die sie in ihren Bann geschlagen haben: von den noch sehr jungen Mädchen geht fast immer die Initiative aus. Dorée d'Amour wollte ihr Herz bewahren, verlor es aber doch. »Ganz verwirrt«, suchte sie vergeblich, es zurückzuholen: endlich besiegt, wußte sie jedoch sehr wohl, daß es sich für eine Frau nicht geziemt, in Liebesdingen vorzugreifen. »So lange will ich harren, bis er es gewahrt«, sagt sie. Doch als der Auserwählte kein Wort über die Lippen bringt, wagt sie, ungeduldig, einen Vorstoß, indem sie ihn bei seinem Kosenamen nennt – das heißt, sie eröffnet sich ihm als erste. Auch Phönix enthüllt ihre Leidenschaft zuerst, wenn auch unfreiwillig, trotz aller Zurückhaltung. Aus der Ferne beobachtet sie Cligès, ihren Herzensritter, bei einem Zweikampf, zu dem er herausgefordert worden ist. Sie sieht ihn zurückweichen und ist

»so bestürzt,
daß sie aus Leibeskräften
›Gott, zu Hilfe!‹ schreit«,

ehe sie, die Arme über Kreuz, ohnmächtig zu Boden sinkt. Angespornt durch ihren Schrei, schöpft Cligès neue Kraft und trägt den Sieg davon. Als er sich, ehe er nach England übersetzt, von ihr verabschiedet, wagt er es endlich, sich ihr wenigstens in bedeckten Worten zu erklären. Doch bei seiner Rückkehr ist sie es, die ihm schenkt, was er begehrt, was aber zu berühren er sich selbst versagt hatte, solange sie es ihm nicht zugestand: ihren Körper.

»Mein Herz gehört Euch, mein Leib gehört Euch...
Als mein Herz in Euch einging,
schenkte und versprach ich Euch den Leib.«

Allerdings bestimmt Phönix, immer noch das Spiel anführend, daß Cligès diesen Leib nicht haben darf, solange sie sich rechtmäßig in der Gewalt eines Gatten befindet.

Hoch rühmt Chrestien de Troyes den Wert der Ehe. Er sagt, die Liebe solle ihr als Vorspiel und belebendes Ferment dienen. Und er erklärt es für verboten, diese fundamentale Institution zu untergraben. Andererseits ziehen die Frauen, die er in Szene setzt, alle Fäden des Intrigenspiels der Liebe. Natürlich wollte Chrestien dem Publikum gefallen: er entsprach seinen Erwartungen. Wir müssen also annehmen, daß diejenigen, die ihm zuhörten, eine neue Vorstellung von den Beziehungen zwischen den Geschlechtern hatten. Ich habe lange und erbittert gegen die Hypothese einer sich verbessernden Stellung der Frau im Zeitalter des Feudalwesens gekämpft, weil mir die vorgebrachten Argumente nicht überzeugend schienen, und ich habe mich bemüht, anhand einiger Beispiele – im Zusammenhang mit Héloïse, vor allem aber mit Eleonore – aufzuzeigen, wie anfechtbar sie sind. Doch vor diesen Bildern, vor der Königin und Thessala, vor Dorée d'Amour und Phönix, strecke ich die Waffen. Es ist unbestreitbar, daß weder die einen noch die anderen zu jenen minderen, unzurechnungsfähigen Geschöpfen gehören, die von den Kriegern verächtlich in Besitz genommen, ihrer Lust unterworfen und wieder ausrangiert wurden, sobald sie ihnen abgenutzt erschienen. Es ist unbestreitbar, daß *Cligès* den Edelknappen, den jungen, unverheirateten Rittern, das Beispiel eines ganz anderen Verhaltens zeigt, als man es den höfisch Liebenden gewöhnlich zuschreibt. Gewiß sind die Frauen auch hier zur Unterlegenheit bestimmt, sie stehen als die Besiegten da: besiegt von der Liebe, vom Begehren des Mannes und von ihrem eigenen Begehren. Aber die Männer werden aufgefordert, sich nicht mehr mit den Frauen der anderen zu amüsieren, die verlockende Jungfrau, auf die sie ein Auge haben, nicht mit Gewalt zu nehmen: sie sollen den Angriff erst wagen, wenn sie sich ihrer Zustimmung ganz sicher sind, und nur in aller Form von ihr Besitz ergreifen, indem sie diese Freundin zu ihrer Gemahlin machen. Es gilt als erwiesen, daß *Cligès* 1176 geschrieben wurde. Müssen wir also annehmen, daß sich damals ein Sittenwandel im französischen Hochadel vollzog? Ja, die Sitten änderten sich, und ich will einige Gründe nennen, die geeignet sein könnten, diesen Wandel zu erklären.

1176 war das Leben der Ritter nicht mehr ganz so roh, daß es ausschließlich darin bestanden hätte, Panzerhemden zu polieren, wilden Tieren nachzujagen, einander die Köpfe einzuschlagen oder den mit Hieben übersäten Körper in einen Bottich heißes Wasser zu tauchen. Der Fortschritt aller Dinge machte auch vor ihnen nicht halt. An den Höfen der großen Fürsten, dort, wo Romane und Lieder geschrieben, wo die Beziehungen zwischen den Geschlechtern in gesittete Formen gebracht wurden, erschien es immer dringender notwendig, daß die Krieger ihr hemmungsloses Ungestüm wenigstens vorübergehend zügelten. Die Ordnung, die an diesen Orten, wo Männer und Frauen einige Zeit zusammenlebten, allmählich Gestalt annahm, und der Verhaltenskodex, der Vorschriftenkatalog des sogenannten »Höfischen« verlangten von diesen Männern Selbstbeherrschung. Sie sollten ihre Triebe, ihre Begierde zügeln, ihre Beute nicht mehr brutal an sich reißen. Also lehrte der Fürst die Jungen, die er um sich scharte, mittels der Literaten, die er an seinem Hofe unterhielt, sich in Gesellschaft der Damen korrekt zu benehmen. Das war es, was sie umtrieb, sie in dauernde Verlegenheit stürzte: wie benimmt man sich gegenüber diesen einschüchternden, diesen fremdartigen Geschöpfen? Im Grunde, sagt Chrestien, bekommt es den Rittern nicht schlecht, wenn sie die Frauen fürchten – sie so fürchten, wie Cligès Phönix fürchtet. »Zweifeln« kann nicht schaden. »Wer lieben will, muß zweifeln.« Besser, diese jungen Burschen fühlen sich im Angesicht der Frauen etwas ungeschickt und unbeholfen, besser, sie liegen vor ihnen

»... auf Knien,
so viele Tränen weinend,
daß alles naß davon wird,
ihr Seidengewand und ihr Herm'lin,«

– als daß sie sich wie Tristan nächtens über ihre Freundin hermachen und mit einem Satz bei ihr im Bett ihres Herrn und Onkels sind.

1176 ist in Nordfrankreich aber auch die Zeit, in der die

Handelsökonomie richtig in Schwung kommt. Das Geld zirkuliert schneller und schneller, nicht mehr stockend, in leicht versickernden Rinnsalen, sondern fließend, in breiten Strömen, die auch das tiefste Hinterland befruchten. Die Reichtümer des Adels mehren sich durch diesen allgemeinen Aufschwung. Die Überschüsse aus der Landwirtschaft, das, was die Herren aus den Mühlen, den Öfen, den Pressen, den Zehnten ziehen, all die Waren, die sich in den grundherrlichen Scheunen oder Kellern sammeln, verkaufen sich immer besser. Die Zahl der Haushalte lehnspflichtiger Bauern steigt rapide an, und die meisten ziehen es vor, sich ihrer Dienste oder Abgaben in barer Münze zu entledigen. Hinzu kommen die Gratifikationen, die von den Fürsten an der Spitze der wiederhergestellten, auf einem effizienten Steuersystem beruhenden Staaten freigebig verteilt werden, damit sie von denen, die ihnen zu dienen bereit sind, geliebt werden. Infolge dieser Entwicklung macht der Grund und Boden nicht mehr das ganze Vermögen des Adels aus. Durch das Geld werden die Reichtümer flüssiger, beweglicher. Es ist leichter, den Inhalt einer Truhe unter den Erben aufzuteilen als den von ihren Ahnen überkommenen Grundbesitz. Dementsprechend lockert sich die Haltung der Hausherren in bezug auf die Verheiratung ihrer nachgeborenen Söhne. Sie gestatten ihnen eher, einen Haushalt zu gründen, und wenn das Heiratsgut des ihnen zugedachten Mädchens für die Ausstattung nicht reicht, greifen sie in ihre eigene Tasche, um das Nötigste zu kaufen. So verringert sich rasch die Zahl der Krieger, die durch die adlige Heiratspolitik zur Ehelosigkeit verurteilt sind. Die angehenden Ritter wissen nun, daß sie beste Aussichten haben, eine Frau zu bekommen: aus diesem Grund werden die höfischen Zerstreuungen mit ihren Liebesspielen weniger an den Rand der Ehelichkeit gedrängt. Langsam setzt sich der Gedanke durch, daß der ritualisierte Minnedienst eine gute Vorbereitung auf die eheliche Vereinigung sein kann und daß es der Ehe festeren Bestand verleiht, wenn die Gatten einander als Geliebte lieben. Das verändert den Blick auf die Frauen. Die Männer sehen sie als viel weniger passiv, als wirkliche Beteiligte, mit denen sie rechnen müssen und die es, ob Jungfrauen oder Damen – auch wenn sie sie noch lange nicht für ihresgleichen halten –, doch wenigstens verdienen, von ihnen nach den Regeln des guten Anstands behandelt zu werden: Regeln, die der Roman die Männer lehren soll, während er den Mädchen einschärft, sich niemandem hinzugeben und die Ehegesetze zu achten.

Es bleibt zu sagen, daß diese Gesetze 1176 – unter der Regie von Papst Alexander III. und als geistige Frucht langwieriger Auseinandersetzungen an den Pariser Schulen – gerade ihren letzten Schliff erhalten. Dorée d'Amour, die sich gemäß den Vorschriften der Priester ihrem Gatten ganz verpflichtet,

»...ohne irgend etwas auszusparen,
nicht den Willen, nicht das Herz und nicht den Leib«,

Dorée d'Amour, die gemäß den Ansprüchen der Kirche, daß die Fortpflanzung das einzige Ziel der Ehe sei, kaum drei Monate nach ihrer Hochzeit

»...voll ist
der Saat und des männlichen Samens«,

diese Frau, die schließlich, als ihr Gatte stirbt, so heftigen Kummer empfindet, daß sie »nach ihm nicht leben kann«, bietet ein wahrhaft vollkommenes Beispiel: ein Musterbeispiel des Verhaltens, das sowohl die Gesellschaft der Höfe als auch die kirchliche Obrigkeit hinfort von den Damen erwarten.

SCHLUSS

SCHLUSS

Hier also sechs – beziehungsweise sieben – Damen, deren Silhouetten sehr verschieden sind. Legt man die Bilder jedoch übereinander, zeichnen sich recht klar die drei wesentlichen Züge ab, die für die Zeitgenossen dieser Frauen ausschlaggebend waren, um die Stellung des Weiblichen in der Weltordnung zu definieren.

Für die Männer des 12. Jahrhunderts war die Frau in erster Linie ein Objekt, von ihnen gegeben, genommen und nach Belieben weggeworfen. Sie gehörte zu ihrer Habe, war Teil ihrer beweglichen Güter. Im Besitz des Mannes, finden wir sie entweder, Zierde seines Ruhms, wie ein besonders schönes Stück aus seinem Schatz in prunkvoller Aufmachung an der Seite des Gatten zur Schau gestellt oder im Innersten des Wohnsitzes unter Verschluß gehalten, bei unausweichlichen Gelegenheiten hinter dem Vorhang der Sänfte, unter dem Schleier, dem Mantel verborgen, damit sie nur kein anderer Mann erblicke, der dann auf die Idee käme, sich ihrer bemächtigen zu wollen. So gibt es einen geschlossenen, den Frauen vorbehaltenen Raum unter enger Kontrolle der Männer. Auch die Zeit der Frauen wird von den Männern regiert, die ihnen im Lauf ihres Lebens drei verschiedene Stände zuweisen: in der ersten Phase sind sie Mädchen, das heißt notwendig Jungfrauen; in der zweiten Gattinnen, notwendig den Umarmungen des Mannes unterworfen, da ihre Funktion darin besteht, ihm Erben zu gebären; in der dritten schließlich Witwen, notwendig zur Enthaltsamkeit zurückgekehrt. Dabei sind sie stets dem Manne untertan – gemäß den Hierarchien, die nach Gottes Plan das Rippenwerk der Schöpfung bilden.

Doch die Frauen lassen sich nicht so leicht beherrschen. Diese Erfahrung machen die Männer des 12. Jahrhunderts, und darum fürchten sie das Weib. Da sie es aber fürchten, halten sie es naturgemäß für schlecht. Weil die Frauen widerspenstig sind, glauben die Männer sich verpflichtet, sie zu zähmen, zu bändigen, zu führen – und sehen sich folglich gezwungen, sie für ihre Neigungen, ihre Schlechtigkeiten zu bestrafen. Sie zu töten, wenn es sein muß. Sie zumindest – wie Eleonore – in enger Gefangenschaft zu halten, ihre angestammte Schädlichkeit mit allen Mitteln zu bekämpfen. Die Frau, davon sind diese Männer überzeugt, trägt die Sünde und den Tod in sich. Man weiß nicht, was sie im Kopf hat: aalglatt entzieht sie sich. Sie lügt.

Sie ist betrügerisch, weil schwach. *Fragilis*, um das Wort von Héloïse aufzugreifen: das ist der dritte Zug, der ihre Natur charakterisiert. Zerbrechlich, aber auch zärtlich, hingebungsvoll – wenigstens etwas, was positiv an ihr erscheint. Ein Merkmal wenigstens, das der Weiblichkeit einigen Wert verleiht, dieser Trieb, der sich des Fleisches bedient und der zur Liebe befähigt. Der heilige Augustinus hat es gesagt – und wir wissen, welche Autorität das Denken dieses Kirchenvaters für die Gelehrten des 12. Jahrhundert besaß. Er sagte es in seinem Kommentar zur Genesis wider die Manichäer, Buch II, Kapitel 9. Eine blendende Auslegung – alles ist da, in wenigen Worten, tiefgreifende Reflexionen zum Begriff des Zeugens, zum Verhältnis zwischen Mann und Frau, die auf dem Satz beruhen: *mulier in adjutorium facta. Adjutorium*, eine Hilfe; Eva, eine Art Werkzeug, das Gott Adam in die Hände gab. Wozu? Um zu zeugen. Nicht nur Knaben und Mädchen. Es geht um ein geistliches Zeugen, dessen Frucht die guten Werke sind. Für sein Gelingen muß der Mann, da von göttlicher Weisheit erleuchtet, die Führung übernehmen (*regere*), und die Frau muß gehorchen (*obtemperare*), sonst ist das Haus dem Chaos, dem Untergang geweiht. Diese Hierarchie nun wendet der heilige Augustinus auch auf das Seelenleben an, indem er über einen anderen Bibelvers meditiert: »Als Mann und Frau schuf er sie.« Der Satz besagt, daß von Anfang an Mann und Frau, Männliches und Weibliches, in der menschlichen Kreatur enthalten waren. Als Gott von Adam eine Rippe nahm, um Evas Leib zu formen, als er so das Menschenpaar, das Muster der Ehe schuf, indem er die Frau zur gehorsamen Gehilfin des Mannes machte, offenbarte er die seelischen Strukturen. Wie die Seele über den Leib, herrscht innerhalb der Seele die *virilis ratio* – das männliche Prinzip, die männliche Vernunft – über die *pars animalis*, mittels derer sie im Leib den *appetitus*, die Begierde, weckt. Dieser Teil ist der weibliche, der, *adjutorium*, unterwürfig helfen muß. Gott hat gezeigt, daß im Innern jeder menschlichen Person eine eheähnliche, geordnete Verbindung des männlichen und des weiblichen Prinzips vonnöten ist, wobei das Fleisch einwilligt, die Begierde nicht gegen den Geist zu richten, die Begierde sich dem Verstande beugt und die Seele nicht mehr vom Gewicht des Fleischlichen beschwert nach unten gezogen wird. Die Anthropologie, die der heilige Augustinus mit diesen Überlegungen begründet, legt jedem Mann die Überzeugung nahe, daß er einen weiblichen Anteil in sich birgt, von Gott als Hilfe in ihn eingegeben, damit er befähigt sei, sich zum Guten zu erheben – daß folglich der »Appetit«, die Begierde, etwas Gutes hat, wenn sie nur angemessen regiert wird. Das Wesentliche aber ist, daß die Frau ihrerseits dem heiligen Augustinus zufolge nicht nur sinnlich ist, sondern einen Teil Verstand besitzt. Einen geringeren Teil natürlich: in ihr überwiegt die Begierde. Das ist gefährlich, aber es kann auch eine Stärke sein: die Ergänzung, die sie in die Lage versetzt, ihrem Mann so zu helfen, wie es sich gebührt. Solche Liebesfähigkeit muß freilich vom Verstand, vom männlichen Prinzip, beherrscht werden, da sie sonst auf Abwege gerät. Bei guter Führung und Beherrschung indes erweisen sich die Kräfte der Begierde, mit denen die Frau von Natur aus begabt ist, als geeignete, sehr wirksame Mittel der spirituellen Erhebung.

Das ist es, was die Männer im Lauf des 12. Jahrhunderts nach und nach entdeckt haben, das ist der Gärstoff, der in dieser Zeit das Ansehen der Frauen verändert hat. Die wirkliche Verbesserung ihrer Lage besteht nicht in dem üppigeren Schmuck, den die Männer ihnen bei steigendem Lebensstandard offerierten. Sie besteht nicht in der scheinbaren Macht, die sie ihnen überließen, um sie besser beherrschen zu können. Sie besteht nicht in den

Täuschungen des höfischen Liebesspiels. Zu einer Zeit, in der das Christentum allmählich aufhörte, hauptsächlich eine Angelegenheit von Riten und äußerem Gepränge, von Gesten und Formeln zu sein, in der es sich mehr und mehr nach innen verlagerte, die Beziehung zu Gott als ein Liebesstreben der Seele begreifend, kam ein neues Bewußtsein auf, das die Frau auf eine höhere Stufe erhob: das Bewußtsein, daß eine Frau – wie Magdalena oder Héloïse – den Männern als Beispiel gezeigt werden kann, weil sie manchmal stärker ist. Diese Stärke schöpft sie aus dem reichen Vorrat ihrer animalischen Natur, aus der Sinnlichkeit, die sie leichter entflammen, in Liebe entbrennen läßt. Während das Dunkel etwas lichter wird, während die spärlichen Quellen etwas mehr Aufschluß geben – und vielleicht nur darum –, erscheint uns, daß Europa im 12. Jahrhundert die Werte der Liebe höher zu schätzen lernt. Es bemerkt, daß eine verliebte Frau wie Phönix dem Mann eine bessere Gemahlin ist, daß sie wie Juette die geheimnisvollen Wege zur himmlischen Hochzeit mit dem Geist Gottes bahnen kann. Gewiß blieben die Damen dieser Zeit der Macht der Männer unterworfen, die ihre Natur weiterhin für gefährlich und für schwach hielten. Doch einige der Männer, und langsam wurden es mehr, entdeckten sie als Objekt und Subjekt der Liebe. Sie blickten weniger verächtlich auf die Frauen herab, die so unmerklich begannen, sich aus der engsten Umklammerung durch die Fesseln der männlichen Macht zu lösen.

Soweit das, was mir bei der Betrachtung der sechs Frauenbilder, für deren Rekonstruktion ich mich entschieden habe, in den Sinn gekommen ist. Bemerkungen, die ich als Einführung vorausschicke: sie stecken das Feld meiner Untersuchung ab – eine Arbeit, die nicht ohne Früchte blieb. Der folgende Band wird es zeigen.

Giovanni Levi /
Jean-Claude Schmitt (Hg.)
GESCHICHTE DER JUGEND

1. Band: Von der Antike bis zum Absolutismus
Deutsch von Leonie Schröder und Holger Fließbach
432 Seiten. Gebunden.
Zahlreiche Abbildungen DM 68.–
(Der zweite und letzte Band
– Von der Aufklärung bis zur Gegenwart –
erscheint im Herbst 1997.)

Anknüpfend an große kulturhistorische Werke wie die *Geschichte des privaten Lebens* verfolgt die *Geschichte der Jugend* die Entwicklung der Vorstellungen, die sich Jugendliche und Erwachsene seit der Antike von den »unruhigen Jahren« des Menschen gemacht haben. Anhand zahlreicher Bild- und Textquellen beschreibt sie das Leben der Jungen zwischen Erziehung und Reglementierung, pädagogischem Eros und Drill.

»Die Jungen als Akteure im Gemeinwesen: Zugespitzt könnte man sagen, die Jungen seien die ersten aktiven Subjekte der Weltgeschichte gewesen.«
Giovanni Levi und Jean-Claude Schmitt

S. Fischer